역사적 관점에서 본 시네마

장 루이 뢰트라

문학박사, 파리3대학 교수

곽노경 옮김

東 文 選

역사적 관점에서 본 시네마

Jean-Louis Leutrat

Le Cinéma en Perspective : une Histoire

© 1992, Éditions Nathan

This edition was published by arrangement
with Éditions Nathan, Paris
through Shinwon Literary Agency, Seoul

차 례

서 문

우리 역사는 폭군의 가면처럼 고상하며 비극적이다.
기욤 아폴리네르, 《알코올》, 〈사냥 나팔〉

역사 전체가 그렇듯이 영화의 역사도 대립, 분열, 급격한 변화를 보여 준다. 바로 이러한 것들이 영화 예술에 영향을 미쳤고, 그 예술을 변화시키기도 했으며, 영화가 지니고 있는 모습이 되었다. 역사는 잡음과 분노(스크린에서 뿐 아니라 그 이면에서도), 참혹한 논쟁과 손실, 그리고 잔해들로 가득하다. (파스칼 보니처, 《맹목적인 영역》, p.13)

셰익스피어풍의 이런 역사 이야기는 열정과 타오르는 불꽃, 예상치 못한 결혼식, 결국에는 자신에 대한 희생으로 이어지는 전적인 헌신을 보여 준다. 그 이야기는 우선 이름을 지루하게 반복하기 때문에 각자가 마음대로 구성해 볼 수 있다. 영화의 역사는 필리프 가렐이 말한 것처럼 '영화의 거장'인 뤼미에르와 함께 시작되어 오손웰스의 영상에서 상당히 구체화되었으며, 호수를 섬세하게 다룬 예술가 장 뤽 고다르와 더불어 현대에 빛을 발한다. 그러나 그외에도 프리츠 랑·세르게이 M. 에이젠슈테인·프리드리히 W. 무르나우·장 르누아르·존 포드·카를 드라이어·루키노 비스콘티·로베르 브레송·미조구치 겐지·버스터 키턴·요제프 폰 슈테른베르크·자크 타티·찰리 채플린·장이모·오즈 야스지로·자크 투르뇌르·루이스 부뉴엘·사티아지트 레이·파트릭 보카노브스키·마이클 스노·노먼 매클라렌·이리 트른카 등이 있다.

영화는 한 세기 전부터 존재했다. 그후로 점차 증가한 수많은 관객들이 요금을 지불하고 영화관에서 스크린을 통해 움직이는 영상을 감상했다. 1백 년 전부터 여러 개성 있는 인물들이 시간·열정·재능, 때로는 그 이상을 바쳐 상품이 아닌 작품을 '창조'하거나 '제작'했다. 이런 작품들은 평면에 투영된 광속과 여러 스피커에 의해서만 효과를 발하는 특성을 지녔다. 한 세기 전부터 수많은 영화들이 상영되기도 했지만 반대로 많은 영화들이 상영되지도 못한 채 영원히 사라졌다. 이런 사실로 인해 다음과 같은 질문을 필연적으로 던지게 된다: 어떤 역사를 만들 것인가? 무엇에 대한 이야기를 할까? 제작 시스템에 대해서? 영화관에 대해? 관객의 견해에 대하여? 영화와 사회의 연관성에 대한 것을 할까? 이런 영화에서 추구한 이데올로기에 대한 이야기를 할까? '효율적인 실무'에 대해? (그렇다면 어떤 것을 해야 할까? 편집일까? 조명일까? 시나리오일까? 등등.) 그러나 한편으로 우리는 장 클로드 비에트처럼 주변 이야기를 생각해 볼 수도 있을 것이다:

이것은 주로 미완성된 영화에 대한 이야기로 구성될 것이다. 에이젠슈테인·웰스가 포기한 영화나 슈테른베르크의 《클라우디우스》와 같이 자금 부족, 영화인의 무관심, 제작자의 결정이나 이런저런 관련자들의 사망으로 중단된 미완성 영화들을 다룬다. 또한 유명한 시네아스트가 부분적으로 등장하여 제작된 잡다한 영화들도 이런 영화 역사 안에 첨가되어야 할 것이다. 가장 대표적인 예가 존 포드의 《로버츠 씨》인데, 그 작품에서 포드는 헨리 폰다와 주먹다툼을 한 후 심

하게 아파서 며칠 동안 머빈 르 로이가 그 역할을 대신했었다. (《작가의 시》, p.143)

웰스의 불가사의한 작품들(《돈 키호테》·《더 딥》·《바람의 저편》)은 슈테른베르크가 채플린을 위해 연출했지만 정작 채플린은 자신의 창고에 감추어 놓은 《바다갈매기》(1926, 혹은 《바다의 여인》), 그리고 예상 외로 스웨덴에서 시선을 모았던 제리 루이스의 영화와 더불어 영화의 잔해 역사 전집의 재미있는 이야기 가운데 하나로 남아 있게 될 것이다.

만약 연대나 작품 제목, '학파'의 이름, 철저한 분류(국적이나 10년 단위), 두드러진 영향력, 중요성이 인정된 영화, 기술 혁신 등에 따라 영화 역사를 기록한다면 그것을 끝내기 위해 수많은 장서들이 필요할 것이다. (조르주 사둘이나 장 미트리가 영상에 대해 공들인 작품들이 프랑스에 있다.) 실제로 얼마 전부터 전세계 탐구자들이 색다른 기준으로 영화 역사를 구성하려는 노력을 하고 있다. 그러나 이런 작업의 통합을 실현하기에는 아직 이른 듯하며 그들이 언젠가는 '종합서'를 완성하리라는 것에 기대를 걸어야 할 것이다. 따라서 이 책도 현존하는 자료집과 총서에 근거하여 극히 제한된 선택을 할 수밖에 없었다.

빈틈없이 일정하게 흐르는 시간처럼 영화 역사도 돌이킬 수 없는 수많은 기록들을 한 방향으로 이루어 가고 있기는 하지만 방향을 예측할 수 없는 것은 아니다. 예술에는 진보가 없으며 기술적인 완성이나 다소 느린 변형, 경우에 따라 갑작스럽게 이루어지는 변화만이 있을 뿐이다. 따라서 '원시적'·'고전적'·'현대적'이라는 단어는 불가피할 때만 사용된다. 그러므로 가장 현대적이라고 해서 반드시 최신의 것을 나타내는 것은 아니며, 가장 원시적인 것이 시간적으로 가장 오래 된 것도 아니다. 한순간을 표현하는 방법과 그 적용은 현재 순간과 연관지어 살펴보아야만 하며 그 이후에 오는 순간과 관련시켜서는 안 될 것이다. 그렇게 해야만 회고적 환상(과거가 묵인할 수밖에 없었던 사건 상태의 과거에 대한 예측)을 제거할 수 있다. 그렇지만 어떻게 역사가가 자신의 학식을 빼고 생각할 수 있단 말인가? 역사가의 의무란 끝없는 미해결의 반론을 중시하는 것일 뿐 해결하는 것은 아니다.

우리는 영화가 어디에서 시작되었는지를 살펴본 후에 영화의 세 안내자(여러 가지 가운데)를 선별해 보겠다. 즉 언어와 영화 표현 양식을 살아 숨쉬게 한 역사, 표현 양식, 인물의 역사(배우·스타·영화관·영화)로 나누어 살펴보겠다. 각 역사는 중요한 특징 위주로 개관되었기 때문에 상당히 간략하다. 역사의 복잡성과 교차성에서 영화 역사의 가능성에 대한 생각이 떠오를 수 있을지도 모른다. 이런 생각은 독자에게 요구된 몫이다. 하지만 영화가 예술적 표현 수단, 즉 움직임과 빛과 소리와 침묵으로 이루어진 기록이라는 사실은 영원하다.

영화감독 자크 투르뇌르는 자신의 단편 영화 중 한 작품에서 가운데에서 다음과 같은 말을 했다: "힘의 기교, 셰익스피어의 전인생과 그의 작품들 가운데 8편을 단 10분에!" 단지 1백여 쪽으로 영화 역사를 보여 준다는 것은 셰익스피어의 여덟 작품을 단지 몇 분에 나타내는 것과 같지 않겠는가?

*

장 뤽 고다르의 《진정한 영화 역사 입문》, 장 클로드 비에트의 《작가의 시》와 세르주 다네의 두 저서 《영화 신문》과 《핸드백 도둑의 재연에 대해》는 간편하게 《영화 입문》·《작가의 시》·《영화 신문》·《재연》이라고 명시하였다. 클로드 베일리와 필리프 카르카손이 발간한 《영화》라는 전집을 참고하기 바란다.

1

소리 없는 불빛

> 영상은 간간이 불현듯 다가와 칠흑같이 어두운 밤
> 에 뚜렷하게 모습을 드러낸다.
>
> 귀스타브 플로베르, 《성 앙투안의 유혹》

일반적으로 영화와 연관된 기원에 대한 역사는 페나키스티스코프[1] · 조트로프[2] · 프락시노스코프[3]처럼 그리스어로 된 기술적 용어의 나열로 시작된다. 이러한 것들이 영화의 '선사 시대' 역사를 여는 최초 항목이다. 어떤 이들은 기록자(호메로스 · 베르길리우스)가 없던 시기까지 거슬러 올라가 바이외의 태피스트리, 고대 이집트 벽화와 라스코의 동굴 벽화에서 '선사 영화'를 찾아내기도 한다. 하지만 영화의 시작은 오히려 새로운 공연 형태나 새로운 대화 방법의 출현과 함께 이루어진, 그리고 일상 생활 중에 발생한 지속적인 사고의 변화 속에서 찾아볼 수 있다. 그러한 사고의 변화는 18세기 후반과 19세기초에 대부분 이루어졌다.

1. 부동(不動)의 여행

아이도푸시콘(Eidophusikon)

1780년경 화가 필리프 자크 드 루테르부르는 '아이도푸시콘'이라는 무대 위에서 움직이는 영상을 작동시키는 공연을 구상하였다. 그리고 영상의 움직임과 함께 음악도 곁들였다. 얇은 천과 적절하게 배치된 조명이 배경 그림 위에서 효과적인 분위기를 자아냈다. '상연' 장면은 그리니치 공원에서 보이는 런던의 새벽 풍경과 멀리 지브롤터 해협이 보이는 아프리카 탕헤르 항의 정오 풍경 등이었다. 이 공연의 주요 관심사는 일시적인 현상과 지나가는 순간의 모방에 있었는데, 다른 어떤 표현 방법보다도 영화의 움직이는 영상이 그것을 잘 나타내 주었다. 또한 루테르부르는 음향 효과(파도·바람·천둥 및 선박의 난파 신호)를 가미하여 관객들에게 폭풍을 느끼게 해주기도 했다. 그 시대 언론은 아이도푸시콘을 '자연의 재현' 또는 '움직이는 영상으로 표현된 자연적 현상의 다양한 모방'이라 불렀다. (런던 공연 때 비로소 사람들이 활동사진이라고 부르기 시작했다.) 18세기 영국에서는 숭고(sublime)의 개념에 대한 성찰과 더불어 피토레스크(pittoresque)라는 단어의 범위가 다양하게 확장되어 정원·경치·여행·건축, 심지어 관습에서도 활용되었다. 이 단어는 풍경화를 떠올려 주기 때문에 주로 자연 경관에 대한 감상을 일깨워 주는 데 사용되었다. 또한 여러 대중에게 개방된 새로운 시선의 문화를 접하도록 해줌으로써 생각보다 가까운 관광이 인기를 얻었다. 영화는 둘 사이에서 전세계의 아름다움을 관객에게 제공해 줌으로써 가장 이국적인 지역이 대도시 주민(중산층)의 시선을 사로잡았으며,

움직이지 않고도 즐길 수 있는 여행과 감상이 활기를 띠게 되었다. 그러자 뤼미에르 형제의 뒤를 이은 촬영기사들이 쥘 베른[4]의 소설에 나오는 진지한 주인공들처럼 세계를 돌아다녔다. '재정 지원'을 받았던 느모 호의 쿠스토[5] 함장은 탈주 장면을 재현한 후, 현대의 숭고함과 생생함의 장소는 바로 '푸른 바다'라고 정의했다.

철 도

철도는 시간과 공간에 대한 체험을 다시 살펴보도록 해주었다. 철도는 대륙에 따라 새로운 공간을 열어 주기는 하지만 이동을 가속화시키고 시간적 기준의 획일화를 강요한다. 특히 기차에서 여행객은 움직이지 않고 앉아서 사각형 속의 '광경'이 펼쳐지는 것을 바라보기만 한다. 빅토르 위고는 1837년 자신의 첫 철도 여행의 경험을 이렇게 적고 있다:

그것은 황홀한 움직임이었으며 느껴보아야만 알 수 있다. 그 신속함이란 놀라울 정도였다. 길가의 꽃들은 더 이상 꽃이 아니었다. 얼룩, 아니 차라리 붉고 흰 줄이었으며 점으로 보이지도 않더니 결국 모두 하나의 선이 되었다. 또한 밀은 누렇고 거대한 머리였고 개자리는 푸르고 길게 엮은 줄이 되었다. 마을과 종과 나무는 춤을 추며 지평선에서 미친 듯 엉켜 있었다. 이따금 그림자·형태·분광이 나타났다가 문 곁에서 번개처럼 사라지곤 했다. 철도원이 관행처럼 군인들을 단호하게 수송차에 태운다. 그들은 열차 안에서 "우리는 2분이면 12킬로미터 떨어진 곳에 있게 될 거야"라고 서로 이야기를 한다.

메드베드킨의 영상 기차에 뒤를 이은 옛 소련 최초의 기차를 거쳐, 《시오타 역에 도착한 기차》(1895)에서 《도주 기차》(안드레이 콘 찰로프스키, 1985)에 이르기까지 기차는 영화와 오랫동안 연관을 맺어왔다. 또한 빔 벤더스는 《도쿄 가》(1983)에서 필름이 돌아가는 것과 일본 지하철 열차의 배열 사이에 존재하는 유사점을 세밀하게 표현했다. 그래서인지 철도와 관련된 어휘들, 예를 들면 연결·교차·선로 변경·충돌 등이 영화에 나오는 고유 작업들을 연상시켜 주기도 한다. 한편 전자 기기의 발명이 시공간에 엄청난 소득을 가져다 주었고, 오늘날 그 결실은 예측할 수조차 없다. 자동차는 철도가 시작한 일을 완성시켰다. 짧은 기간에 이루어진 마차에서 내연기관 자동차로의 변화는 공간을 좁히기도 하고 순간에 따라 상당히 다양할 수 있는 상대적인 감정에 대한 시간을 부풀리기도 했다. 마르셀 프루스트는 《소돔과 고모라》에서 알베르틴이 자동차의 마법을 발견하고 경악하는 장면을 묘사하고 있다. 한편 아라고[6]는 대증적 (對症的)으로 1838년과 1839년 파리 과학 아카데미에 충격적인 보고서를 제출했는데 하나는 철도에 대한 것이었고, 또 다른 하나는 사진술의 직접적인 원조가 된 은판 사진술에 대한 것이었다.

디오라마(투시화)[7]와 파노라마

은판 사진술에 대한 아이디어는 다게르가 물로 된 궁전의 디오라마에서 비단에 그린 자신의 그림이 불타면서 비롯되었다. 다게르가 첫번째 디오라마를 제작한 것은 1822년이었다. 한쪽에서는 수많은 빛의 발산과 형태를 이용하고 다른 쪽에서는 반사(굴절) 법칙과 물체에 의한 빛의 분할을 사용한 광경 속으로 원형 건물 안에 있던 관객들이 빠져들었다. 디오라마와 파노라마──19세기와 20세기초의 또 다른 공연──그리고 영화와의 연관 관계는 현저하게 드러났다. "영화 관객이 형성되기 전에도 황실 파노라마 관에는 이미 관중들이 영상(이미 움직이고 있던)을 관람하기 위해 모여들곤 했다."(발터 벤야민) 그후로 사람들은 더 이상 여행을 하지 않았고 영화 기기가 그 자리를 대신했다. 파노라마에서 공연의 기능이 중앙에 있는 관객의 동작에 달려 있던 반면 디오라마에서는 관객과는 무관했다. 디오라마와 파노라마의 관계는 극장의 배경과 그림이 지닌 유사성을 드러내며 그런 모호한 관계 속에서 영화가 생겨났다.

2. '삽화'에 대한 정열

19세기에 미셸 푸코가 '영상에 대한 새로운 열정'이라 일컫는 시대가 열렸다:

기구와 작업대, 그리고 천·판과 종이(감광지나 인쇄지) 사이에 빠른 유통이 이루어지던 시기였다. 따라서 새롭게 습득된 온갖 능력으로 전환·이동·변형·유사함·꾸며낸 감정·복제·중복·특수 효과에 대한 자유가 존재했다. 사진작가들은 거의 그림이나 다름없는 작품을 내놓았다. 한편 화가들 역시 사진을 초안으로 사용하기도 했다. 활동 영역이 방대해졌기 때문에 기술자와 아마추어, 예술가와 마술사들이 신분에 관계없이 마음껏 창작을 할 수 있는 기쁨을 누렸다. (…) 따라서 사실주의의 출현도 다양하고 유사한 영상의 놀라운 비상으로부터 분리될 수 없었다. 19세기 예술이 뜻하지 않게 요구하던 현실에 대한 예리하고 간결한 이해 방식은 삽화에 대한 정열로 가능해졌으며 보완되고 완화되었다.

영화의 출현은 '사진과 동시대에 존재한 오만한 자유, 즉 정열'과 직결되었을 뿐 아니라 초창기부터 제7의 예술을 표명하는 현실에 대한 이해 방식과 연관되었다.

3. 강렬한 감성

그림자와 마법의 빛

1770년대에 세라팽은 그림자 연극 혹은 '그림자 형상'을 상연하는 관을 베르사유에 열었고, 뒤이어 팔레루아얄에도 개설하였다. (1784) 한편 장 르누아르는 그림자 연극으로 만든 만화 영화의 여감독인 로테 라이니거의 도움에 보답하고자 《라 마르세예즈》(1938)라는 에피소드를 그녀에게 선사했다. 1798년에는 '판타스코프'라는 거의 완벽에 가까운 마술 전등을 이용하여 로베르송이 폐쇄된 수도원에서 '마술 환등'(에밀 콜이 1908년 자신의 최초 만화 영화에서 채택한 명칭)을 상연하여 관객들을 공포에 떨게 했다. 이러한 '시각적 영화'는 연기, 투명한 천, 벽 등의 다양한 재료 위에 여러 유형의 마술 전등을 비추는 것이었다. 로베르송이 만든 유령은 세라팽의 그림자와 마찬가지로 범죄 소설 속에서 독방과 지하를 드나드는 불확실한 생물체를 연상시키며 관객들에게 다소 강렬한 흥분을 불러일으켰다. 범죄 소설이나 중세풍의 소설은 쥘리앵 그라크의 '혁명적인 폭풍'으로 인해 다가올 '붕괴'의 직접적인 징후로 간주되었다.

단두대

단두대가 '인물 사진을 뽑아내는' 실제적인 기계라는 사실은 가끔 확인된다. 그래서 다니엘 아라스는 다음과 같이 기록하고 있다:

단두대라는 용어가 19세기 사진기에서는 셔터의 일종을 지시하며 그 구조가 다른 셔터와는 달리 특히 인물 사진을 잡는 데 사용되었다는 사실에 놀랄 필요는 없다. 또한 틀의 맞은편에서 구멍이 닫힐 때 목을 움직이지 못하도록 붙잡아 주는 작은 구멍에 매우 정확하게 죄인의 머리를 맞추어 넣는 사형집행인을 전문 기술 용어로 항상 '사진사'라고 불렀다는 사실에 더 이상 놀라서도 안 된다. 결국 블랙 유머가 정통을 찌르고 만 것이다. 사진은 살아 있으나 이미 죽은 혹은 죽어가는 얼굴에 대한 매력을 불러일으켰으며, 단두대에서 처형된 자의 사악한 표정이 응시하는 것도 다름 아닌 사진이었다. 단두대와 사진술의 만남은 이론상으로는 정확하지 않다. 사회 추리적 역사만이 그 만남의 결과를 밝혀 줄 것이다. (《단두대와 공포에 대한 상상》, p.174)

19세기가 저물어 갈 무렵, 사람들은 세례 요한(플로베르·위스망스·빌리에 드 릴라당·귀스타브 모로·장 로랭·비어즐리·오스카 와일드 등)의 형상을 통해 참수(斬首)에 대한 주제에 특히 사로잡혔다. 최초의 대형 영화 계획도 관객들에게는 그와 같이 몸체에서 분리된 머리처럼 보였다. 그래서 우리는 《고무 얼굴을 한 사나이》(1898)라는 영화에서 지금도 여전히 멜리에스의 모습이 그와 같다고 생각한다. 단두대처럼 판으로 된 기계는 그 작동법에서 사진기의 '판으로 된 구멍'을 예견해 주었으며 영화 기술의 선구자가 되었다.

멜로드라마

18세기말에 나타난 멜로드라마 연극은 기계와 무대 장치에 의지하여 신체·신경 그리고 눈물을 자극하며 동화 과정에 호소하는 효과극이었다. 특히 작품 구상은 인상적인 장면(예를 들면 '못')에 대한 아이디어에서 비롯되었다. 이런 연극 형태 덕분에 감독은 뜻밖에 중요한 위치를 차지하게 되었다. 이 영역에서 가장 많은 작품을 남긴 작가 중 한 사람으로는 픽세레쿠르를 들 수 있는데, 그는 멜로드라마 작가일 뿐만 아니라 의상 구상과 무대 장식 계획도 제시했으며, 무대설비자에게 동작이 실행되는 방법을 설명해 주기도 하고 장면마다 배우에게 그들의 역할을 지시해 주었다. 한편 기상 변화와 기후 조건, 분위기에 대한 암시를 위해 무대 장식도 점차적으로 자주 바뀌었다. 이런 이유로 조명의 설치가 필요했으며, 그림자와 음영의 영역을 마련해야만 했다. 멜로드라마의 가장 유명한 무대장식가 가운데 한 사람은 다게르이다. 그는 무대에 화려한 시각적 특수 효과를 설치했다. 그로 인해 무대 장식의 중요성이 인식되었고, 연극이 상연되는 장소가 작품의 제목으로 빈번히 이용되었다.

멜로드라마에서는 정열을 순화시키려고 애쓰지 않는다. 또한 그것은 여러 장르의 혼합으로 탄생한 절충형이었기 때문에 탁월한 지성을 매혹시키기엔 역부족이었으므로 유산 상속, 순수함, 근본적인 의지, 가족애의 본능, 정당성에 몰두했다. 19세기 대중 문학은 20세기초의 영화 속에서도 여전히 살아 숨쉬며 주제와 시나리오에 아이디어를 제공했고, 때로는 문학에 대한 성찰을 통해 영화 미학에 근거를 제공하기도 했다. 또한 에이젠슈테인은 찰스 디킨슨이 그리피스에게 영향을 주었다는 사실을 밝히면서 자신의 영화 《전함 포툠킨》(1925)에서 멜로드라마의 구조를 재발견했다.

4. 1890년대

드라큘라와 프랑켄슈타인

흡혈귀에 대한 이야기는 영화에서 여러 방식으로 나타난다. 문학과 그래픽 아트, 무대에 올려진 연극에서 먼저 나타난 다양한 표현방식의 실체를 영화에서 자기 것화하였다. 하지만 좀더 총체적으로는 "전복·융합·합성, 즉 영화가 흡혈귀이거나 그렇지 않을 것이다"라고 한 앙드레 라바르트의 문구를 인용해 볼 수 있다. 게다가 우리는 위에 열거한 용어 외에 '전파'라는 용어를 덧붙일 것이다.

흡혈귀를 주제로 한 작품은 18세기말 서양 문학에서 확산되기 시작했는데 그 중 1897년에 나온 브램 스토커의 《드라큘라》라는 소설이 특히 유명하다. 그 소설에서 사람들은 카르파티아[8])가 영원한 지역, 적어도 시간이 멈춰 버린 곳이라는 환상에 빠져든다. 그 지역은 숲 저 너머 또 다른 숨겨진 숲속에 있다. 다시 말하면 영상 위에서의 정지라는 영화의 한계 상황 가운데 한 방식을 창조했다. (루이스 부뉴엘은 《빵이 없는 땅》에서 진정으로 공포를 자아내는 시간을 초월한 다른 유형의 지역을 상세히 묘사했다.) 《드라큘라》가 나오기 5년 전, 쥘 베른의 《카르파티아의 성》이 등장했다. 그 작품에 나온 우아하고 아름다운 성은 유럽 중앙의 원시 지역에 위치하고 있으며, 움직이는 홀로그램의 예시가 경험되는 곳이었다. 그 작품에서 사랑받던 여인, 즉 여류 성악가의 모습이 그녀의 목소리와 함께 상영되었고 모든 방식이 매우 완벽하여 환상에 철저히 빠져들었다. 한편 19세기에 떠오르기 시작한 두 주제는 기술적 발명과 결합되었다. 두 주제는 생명을 흡수하는 흡혈귀적 과정으로서의 예술과 죽음 저편에 있는 생명의 보존으로서 그것에 대한 영화의 업적이 초기(1895)부터 인정되었다. 죽음에 대한 승리는 프랑켄슈타인 박사의 이야기에서 재조명되었고, 훌륭한 몽타주(일명 콜라주) 작업으로 생명이 있는 괴물의 창조가 실현되었다.

최면과 심리학

《드라큘라》에서 이야기를 전개하는 인물 중 한 사람으로 나오는 시워드 박사는 심리학자이며 샤르코의 제자이다. 샤르코는 히스테리에 대한 전문가로서 프로이트가 그의 교육을 받았고 최면 상태에서 암시 작용을 실행하기도 했다. 히스테리에 대한 프로이트의 연구는 1892-93년에 이루어졌는데, 이때 정신 분석과 영화가 거의 동시에 나타났다. 사람들은 주로 영화에서 보여 주는 상황과 최면 장면 간의 유사성을 확대시켰다. 따라서 세르주 다네는 정신 분석과 영화에서 '한 걸음씩 겸손하게, 종교에서의 탈퇴를 향하여,' 다시 말하면 '일종의 마법 풀기의 조직'을 보고자 했다.

만약 프로이트가 미국에 갔다면 전세계 모든 사회와 관련된 영화에 더욱 어울리는 유명한 말("미국인들은 내가 그들에게 페스트와 콜레라를 가져다 주리라는 것을 알지 못한다")을 남겼을 것이다. 이것은 프로이트도 자신의 승인 없이 연출된 《영혼의 비밀》(1926)이라는 파프스트[9]의 영화 기획을 통해 어쩔 수 없이 영화를 경험했음을 보여 준다. 히치콕의 《에드워즈 박사의 집》(1945)이나 프리츠 랑의 《문 뒤의 비밀》(1948)처럼 유명한 작가의 몇몇 작품들도 분명히 정신분석학에 기초를 두고 있다. 《문 뒤의 비밀》은 제목 자체가 '고전' 영화 형태의 상징이 되었고, 더 많은 것을 보려는(문 뒤 혹은 그 문을 통해서) 욕망의 상징이 되었으며, 정신 분석의 특징을 규정하고 있다.

사고와 영상에서의 움직임

1885-90년에 걸쳐 에티엔 쥘 마레[10]는 자신이 발명한 사진기로 얻은 초기 결과를 출판하였고, 움직임과 부동 상태에 대한 고찰로 시작하는 앙리 베르그송의 《의식의 직접 자료에 대한 소론》(1889)이 출판되었다. 1896년에 《소재와 기억》이 출판됨으로써 질 들뢰즈[11]가 "개념 속에 움직임이 도입된 것은 동작이 영상에 도입된 시기와 정확히 일치한다"라고 기록할 수 있었다.

동작에 대한 사진 촬영 분석은 감각을 분할하는 인상주의적 색의 분할이 진행되던 19세기말에 실행되었다. 그러자 장 뤽 고다르의 표현 방식도 이해될 수 있었고, 그 표현 방식에 의해 뤼미에르(역시 사진작가였던) 또한 마지막 '인상주의 화가' '프루스트와 동시대인'이 되었다. 전통적으로 조형 예술에서 순간의 명시는 기억된 동작의 추상 작용과 동작을 상징적이거나 연속된 행위로 묘사하고 채색하거나 조각하는 데 상당한 시간을 투자한 노력의 결과로 이루어진다. 한 포즈를 다른 포즈로 바꾸는 것은 마레가 동체 사진술에서 얻은 개념을 상기시켜 준다: "연속적인 영상이란 어떤 외형으로 움직이고 있는 생물이 일련의 순간에 한공간에서 행하는 다양한 위치를 나타낸다." 하지만 전통 예술에서 취한 포즈와 사진 속의 순간 사이에는 차이가 있다. 전통 예술에서는 한 형태에서 다른 형태로 조절된 변화, 즉 특정한 순간의 순서를 보여 주는 반면 사진은 어느 한순간의 움직임을 묘사하고 있다.

그후 스냅 사진의 탁월한 성능으로 동작의 분할이 단계별로 가능하게 되었다. 마레와 마이브리지는 새로운 지각 방식에 대한 실험을 통해 시간적 차원이 시각적 인식의 수단이 되도록 했다. 고전적인 시공간 개념은 극단적이고 과장된 포즈와 강하고 의미적인 순간을 선택하도록 강요했다. 하지만 스냅 사진은 지속되는 동작에서 행해지는 어떤 단절에 기초한 시선의 새로운 시공간을 창조했다. 전염 과정과 피의 순환 문제에 관심이 있던 마레는 움직임이란 통합되는 순간이라 여겼다. 한편 마이브리지는 연속적인 순간으로 궤도를 분할하는 것을 고수했다. 따라서 마레가 날아가는 새에 대한 시각적 일치를 제안한 반면, 마이브리지는 말의 질주나 인간의 걸음을 매우 구별된 여러 순간의 연속으로 분석하였다. 영화도 이 두 이론의 영향을 받았다. 샤르코의 권유로 살페트리에르의 의학 사진 연구소를 맡았던 알베르 롱드는 일반적으로 눈으로는 간과해 버리기 쉬운 이런저런 동작을 보여 주는 고속 촬영과 저속 촬영으로 영화에 대한 흥미를 더해 주었다. 발터 벤야민은 영화란 "정신분석학이 우리에게 본능적인 무의식을 경험하도록 한 것과 마찬가지로 볼 수 있는 무의식을 우리에게 제공해 준다"라고 적고 있다.

잠재성-실제성

미래파, 마르셀 뒤샹, 영화 연구의 길이 열림으로써 영화는 예술을 이끄는 변화의 현대적 개념에 속하게 되었다. 그럼에도 불구하고 예술도 아니고 과학도 아니라는 모호한 영화의 위치와 '움직임에 대한 고도의 통합'이라는 평판으로 영화에 대한 비난이 끊이지 않았다. 화가나 조각가는 동작을 요구하지 않는 반면 영화에서는 한 동작에 대한 이미지, 동작의 표현 방식을 제시하며 그것을 기계화함으로써 가치를 하락시킬 것으로 여겨졌다. 단지 영상으로 나타난 동작이 이동함으로써 동작에 대한 개념과 예술에 대한 개념이 바뀌었다. 그런 이유로 질 들뢰즈가 영화 작품에서 실현될 수 있는 영상-동작과 영상-시간을 《소재와 기억》에서 명확하게 규명했다고 주장

할 수 있다. 그리고 들뢰즈는 이것의 실현 가능성을 주시하였고, 베르그송에 이어 영상의 한 유형을 확립하였다:

나는 모든 영상이 동일한 요소와 기호들을 다양하게 결합한다고 생각한다. 그러나 어떤 순간에 아무렇게나 결합이 가능한 것은 아니다. 한 요소가 발전하려면 일정한 조건이 필요하며, 그것이 충족되지 않으면 축소되거나 부수적인 것으로 남게 된다. 그래서 발전 단계가 존재하며 각 단계는 후손이나 혈통보다는 오히려 완벽을 추구한다. 이런 의미에서 유사(有史)보다는 자연사에 대해 언급할 필요가 있다.

1895년 영상가 뤼미에르는 풍부한 잠재성을 지니고 있었고, 그의 잠재성 가운데 상당 부분이 실현되었다. 이런 잠재성은 한 상황에서 적절한 시기에 기발함이 담긴 '발전 단계'와 결합하였다. 이런 기발함은 혼합에서 비롯된다고 볼 수 있으며, 그 안에서는 조직망, 지속적인 변형을 하고 있는 결합과 연합 체계·경제·기술 조건·정치 및 사상적 질서 자료에서 얻은 영상의 한 유형이 우세하다. 역사를 이룬다는 것은 기발함이 나타내려 했던 변화를 이해하려고 시도하는 것이다.

5. 외국에서…

19세기말에는 전세계가 거의 서로 교류하게 되었고, 구획이 정해졌으며, 측량이 이루어져서 미셸 세르는 쥘 베른의 《황홀한 여행》이 여행 시대의 종말을 예고하며 모든 횡단이 힘을 잃어가는 순간이라고 지적했다.(《쥘 베른에 대한 청춘》, p.11) 베른의 세계에 관한 진실은 일반적으로 사실이었다. 1893년 미국에서는 국경이 공식적으로 지정되어 선포되었다. 그후로 이곳에서도 정복할 수 있는 빈 공간이 사라졌으며 역사적인 서부 시대는 막을 내렸다. 따라서 서부 시대는 상상의 세계나 초현실의 세계로 옮겨갈 수밖에 없었다. 서부는 국가에 대한 긍정적인 가치가 축적된 장소로 여겨졌었다. 그 시기에 유럽인들은 카르파티아가 시간을 초월하여 선조의 신앙이 보관된 창고라는 환상에 빠졌다. 두 경우 모두 지구의 한 지역이 산업화와 현대화에서 벗어나 살아 숨쉬는 사상을 유지하고 있음을 보여 준다. 서부 신화의 복합성은 전진하는 국가의 역동성을 고려해야 하는 책임감과 어쨌든 대도시에 반항하는 미국식의 농촌과 연관되어 있다. 《드라큘라》의 흡혈귀 이야기에서도 고전적인 소재와 함께 가장 현대적인 발명품(예를 들면 전보)이 과감하게 사용되었다. 흡혈귀와 카우보이의 모습처럼 영화도 출현할 때마다 과거(무대 장치가 수공업에 머물렀고, 그것이 예술이 될 수 있었던 이유일 것이다)와 미래에 속하는 모호성을 지니고 있었다.

1893년부터 프레더릭 윈즐로 테일러는 동체 사진술이 동작의 단계를 분할하는 것과 마찬가지로 노동자의 작업을 단순하게 나누는 작업의 과학화에 몰두했다. 따라서 조각난 시간뿐 아니라 분업화된 인간의 작업과 신체를 매번 다루었다. 장 뤽 고다르는 "진정한 영화의 역사는 사회적 형태하에 있는 인간 육체에 대한 역사의 순간을 효과적으로 밝혀 줄 수 있어야 한다"라고 말하고 있다.

외국에서 영화는 아무 때나 나타난 것이 아니며 어떤 이들의 재능, 즉 에디슨과 뤼미에르 형제, 또는 무엇보다 서구 세계 기업가들의 재능 덕분에 출현하게 된 것이다.

2

그 시절에는…

> 우리는 언제 모래 언덕과 산맥을 뛰어넘어 새 직업의 탄생, 새로운 지혜, 폭군과 악마의 도주, 미신의 종말을 맞아들이고 사랑하게 될 것인가 ── 최초의 것들! ──지상의 성탄절을!
> 아르튀르 랭보, 〈아침〉, 《지옥에서 보낸 한철》

모든 역사에는 기원점이 필요하다. 영화 역사는 파리에 있는 그랑 카페 지하에서 뤼미에르의 영화가 공개적으로 상연되었던 1895년 12월 28일에 시작된다고 할 수 있다. 이 날짜를 고집하는 이유는 미국의 토머스 에디슨이 발명한 장치(키네토스코프, 1891)로 영상을 움직이는 것이 가능하다는 것을 단 한 사람만이 깨닫고 있을 때 영상이 최초로 스크린에 상영되었기 때문이다. 에디슨의 실험은 영국의 프리즈 그린이 실험에 착수한 지 2년 후인 1887년이 되어서야 시작되었다.

1. 여러 국가의 영화

출발점(자의적일 수밖에 없다)이 정해지면 사건의 중요한 흐름과 결합 및 급격한 변화의 시점, 즉 역사의 방향을 이루는 부분을 정하는 것이 문제가 된다. 여러 영화의 역사들은 국가(미국·이집트·인도·이탈리아 등)를 기준으로 이루어졌다. 이런 선택은 함축적인 기준에 근거한 것으로서 어떤 제작물을 한 지역, 한 국가, 한 공동체에 속하도록 만든다. 어찌 되었든간에 이런 기준이 여러 영화 사이에 상당히 만족할 만한 연관성을 마련해 줌으로써 공통적으로 검토될 수 있도록 해준다. 그러나 이런 분류가 항상 명쾌한 것은 아니다. 그 한 예로, 최초의 프랑스 유성 영화를 정하는 일은 일종의 궤변이라고 할 수 있는데, 그 이유는 3편의 후보작 가운데 두 작품이 프랑스 연출가가 프랑스 배우와 함께 제작한 것이지만 런던이나 베를린의 스튜디오에서 촬영한 것이기 때문이다. (유성 영화 초기에 많은 프랑스 영화의 경우가 그러했다.) 결국 앙리 쇼메트의 《상어》(1929)가 '완전한' 프랑스 작품이라는 타이틀을 얻게 된다. 또한 국적이 매우 다른 배우·연출가·카메라맨·음악가들이 참여하는 국제적인 작품이 보여 주는 몇몇 극단적인 상황과, 여러 지역을 순회하는 연출가들(카를 드라이어는 프랑스에서 1928년 《잔 다르크의 열정》과 1932년 《흡혈귀》를 찍었고, 막스 오퓔스는 프랑스·미국·이탈리아·일본을 돌아다녔으며, 장 르누아르는 미국·인도·이탈리아에서 연출하였고, 미켈란젤로 안토니오니의 1967년작 《폭발》은 영국에서, 1970년 《자브리스키 포인트》는 미국에서 제작되었다. 잉마르 베리만이 만든 1977년 《뱀의 눈》은 국제적인 작품이다)이 보여 준 예는 신중함을 기하도록 해주지만 국가적 영역이 중요하다는 느낌을 없앨 수는 없다.

영화의 가치를 쉽게 알아보는 국가와 그것을 뒤늦게 도입한 국가 사이에, 또한 영화 작품을 보유한 국가와 그렇지 못한 국가, 아마도 영원히 영화를 제작하지 못할 국가(아프리카의 몇몇 국가의 경우) 사이에, 그리고 무삭제 작품을 관람하는 국가와 그러한 혜택을 받지 못하는 국가 사이에는 분명 심각한 불균형이 존재한다. 오늘날 영화

애호가는 이국적인 영화에 관심을 보이며 부당하게 소홀한 대접을 받았던 옛 연출가나 때로는 현대의 연출가들까지도 발굴하고 있다: 인도(구루 두트·리트윅 가탁·므리날 센), 중국(킹후·시에진·장이모), 일본(나루세 미키오·기노시타 게이스케·고쇼 헤이노스케·시미즈 히로시·야나기마치 미츠오), 한국(임권택), 이란(아바스 키아로스타미), 이집트(요제프 샤인), 터키(일마즈 귀네이), 말리(술레마네 시세), 세네갈(우스만 상벤), 필리핀(리노 브로카), 핀란드(아키 카우리스마키), 아르메니아(아르타바즈 펠레키안) 등을 예로 들 수 있다. 세계 영화에 대한 관심은 빈약하기는 하지만 서양에서 주로 세대 교체가 이루어지고 있다는 사실에 기인한다. 따라서 다양한 영화 기술의 길을 열어 주기에 결코 늦은 것은 아니다. 그러나 위에 언급한 이름(적어도 그것이 젊은이들의 이름일 때)에서 혁신의 징후를 보아야만 할까? 비록 그 경험이 값진 것이라 할지라도 각각의 경험이 고립된 것에 불과하지는 않은가? 영화 역사에서 미국이나 유럽이 아닌 또 다른 주요 중심 지역을 가려내야 하는 것은 아닐까?

영화는 분명 다른 모든 예술적 표현의 방식보다 뛰어나기는 하지만 변화와 불의와 세기의 위대함과 필연적으로 연관되어 있다. 그렇기 때문에 20세기 역사를 구성했던 드라마틱한 이야기 안에서 영화의 위치를 우선적으로 살펴보아야 한다.

2. 세기의 횡단

20세기초 자본주의의 경제 원칙을 토대로 하는 다양한 부르주아 왕국에 맞선 공산주의가 1917년 혁명과 1918년 최초의 옛 소련 사회주의 국가, 1922년 12월의 연합 형성을 거치며 등장하였다. 이후로 세기의 역사는 사회민주주의라고 불리는 제3의 방법을 시작하려는 시도에도 불구하고 두 가지 경제 유형과 두 개념들간의 세력 다툼으로 요약된다. 자본주의는 미국적 유형 안에서 내부적인 '파괴' 조직의 모든 시도를 제거하기 위해 초기에는 급격한 조치로 대응해 나갔다. (그 예로 '세계 산업 근로자' 연합의 구성원들을 암살하기까지 하면서 체계적인 박해를 가했다.) 뒤이어 자본주의는 영토 분쟁에 대해 신생 소련과 경쟁할 수 있는 정당들(독일과 이탈리아의 독재주의)을 유럽에서 확장하는 일에 주목하였다. 이런 새 체제들이 전쟁과 인종차별주의적인 말살의 합리성을 극단적으로 몰아가자 미국이 분쟁에 개입하게 되었다. 그 당시 미국과 옛 소련은 표면적으로는 우호 관계에 있었다. 그러다 세계의 분열이 일어났다. 미국에서는 공산주의 추방 운동과 함께 새로운 숙청이 이어졌다. 국제적으로는 냉전과 더불어 최초 상황의 파괴가 시작되었다. 옛 소련인들이 숨은 침략자였다는 것을 믿기 바랐던 미국인들은 장벽을 만들었고, 옛 소련인들도 그 장막에서 실생활을 제공해 주는 당사자들의 동의에 힘입어 '철의 장막' 뒤로 숨어 버렸다. 그후로 그들은 적대자가 되어 휴전 국가(한국·베트남·쿠바 등) 문제나 국제연합 회기중의 거부권으로 서로 다퉜다.

정치적으로 20세기의 가장 큰 사건은 공산주의의 실패와 신자본주의의 승리라고 할 수 있다. 신자본주의는 미셸 푸코가 '조정 사회'라고 부르는 사회 유형으로서 장 프랑수아 리오타르에 의하면, 그 특징 가운데 하나는 "새로운 무지, 신알파벳 표기법, 언어의 퇴화, 새로운 빈곤, 대중 매체에 의한 견해의 냉혹한 개혁, 불행한 정신, 영혼의 상실"(《비인간성》, p.75)을 전개시키는 것이다. 파시즘은 미국이 부드럽고 매혹적으로 해석한 기술적 사회에 대해 충격적이고 전율적 실험이 되었다. 한편 공산주의는 이성의 상실로부터 인간성을 끌어내려 했으나 이성 상실의 한계를 비극적으로 옮기는 것에 그치고 말았다. 그러나 공산주의는 여러 사람을 위해 가능성을 지닌 유일한 보상으로 '희망 원칙'을 표명해 주었다. 1921년(크론슈타트[12]의 선원들의 반란)부터 옛 소련 혁명은 느리기는 하지만 피할 수 없는 파괴 과정을 걷기 시작하여 1924년 레닌의 사망 후에는 더욱 가속화되었고, 키로프 암살(1934)과 1936-38년의 숙청 이후에는 돌이킬 수 없을 정도에 이르렀다. 그런 과정은 그후 70년 동안 지속되었다.

제2차 세계대전 후, 끊임없이 경직화되고 피폐된 나라를 관리하던 체제와 인적 자원, 자연적인 원천 등 세계의 일부를 성실히 활용하며 탁월한 성공을 거둔 또 다른 체제가 격돌하게 되었다. 그러자 이런저런 환상이 떠오르게 되었는데, 그것은 강제적인 경찰 체제가 스탈린 세계를 부패시켰다는 파시즘에 대한 환상과, 파시즘의 야망(사상 감시에 의한 총체적 동원)이 '적절한' 기술의 도움으로 '대중의 개인주의적 민주 정치'(세르주 다네)로 실현되고 있다는 것이었다:

현대 민주주의라고 불리는 곳에는 내가 '전신(傳信)' 방식이라 일컫는 것과 묘사와 명령을 가능케 해주는 여러 유형의 '원격 광고문'에 의해 대중의 의견이 모아지고 이끌어지는 원칙의 헤게모니가 유지된다. 그래서 이러한 방식으로 나치즘이……총동원 국가로서 승리를 거두었다. (장 프랑수아 리오타르, 《비인간성》, p.87)

여러 지성으로 인해 이데올로기 전체를 파괴로 이끌어야만 했고, 죽음의 전쟁이 되었던 주요한 이데올로기적 분쟁에서 실제로 우리는 생명을 아끼지 않았다. 분쟁 때마다 이데올로기는 인도주의적 배려를 앞세우며 민족의 선행과 민주주의 · 자유라는 이름으로 자신의 행위를 합리화하며 대량 학살을 자행했다. 그리고는 현정권에 대한 염려로 시체 일부를 은폐시키는 방법을 모색했다. 그 한 예로 아메리카 서부의 신화는 여러 사람에게 마치 마술처럼 여겨지고 있다. (마오리족과 2백만 아르메니아인들의 경우처럼 무수히 많은 인디언들이 사라졌고, 고통과 실망, 심한 간섭에 대한 적대감을 감추고 있다.) 《히틀러가 유대인들에게 한 마을을 선물한다》라는 선전용 영화가 보여 주듯이 나치는 그들의 집단 수용소가 공식적으로 평화로운 휴식 센터로 보이도록 하기 위해 심혈을 기울였다. (1천만 명이 그곳에서 인생을 마감했다.) 스탈린 체제에서 일부 반체제 인사들(그들 중 수백만 명이 사형당했고, 9백만 명이 투옥되었다)은 시베리아 깊은 곳이나 다른 곳에 숨겨져 있는 강제 노동 수용소에서 사라져 갔다. 히로시마와 나가사키에 뿌려진 폭탄은 한번에 대략 20만 명의 인구를 사라지게 했다. 그러나 불행하게도 몇몇 사람들이 생존했고, 화상으로 흉측해진 그들의 몸이 아직도 그 사실을 대변해 주고 있다. 또한 걸프전은 한 편의 걸작에 가깝다. 그 이유는 이런 이상한 분쟁에서는 둘 중 어떤 진영도 이라크 희생자의 가능성을 전혀 고려하지 않았으며, 그와 동시에 루마니아의 위장된 시체 더미가 파문을 일으켰기 때문이다.('정보' 와 양심의 검색) 심지어 오늘날 어떤 이들은 가스실이 전혀 존재하지도 않았다고 부인하기까지 한다. 우리 사회는 같은 작전이 전쟁에서 성공하기 전에는 시민의 삶에서 죽음의 광경을 우선적으로 제거해 버렸다. 하지만 우리 방식이 일부를 묵살하며 모습을 위장하고 거짓에 대한 비난의 위협을 받고 있는 공산주의 체제보다는 월등히 우월하다고 할 수 있다. 《니키타》(뤽 베송, 1989)나 《누가 로저 래빗을 모함했나?》(로버트 지미클, 1988)와 같은 현대 영화에서도 이처럼 '킬러' 라는 인물과 이미지를 제거하려는 흔적이 남아 있다.

영화란 이 모든 것과 어떤 관계가 있을까? 엄밀히 말하면 영화가 가장 밀접하게 연관되어 있다. 그 이유는 영화는 영상과 연관되어 있으며 그 기능이 바로 보여 주는 것이기 때문이다. 영화는 '여러 시기에 뛰어든 거인'처럼 18세기와 21세기를 동시에 다루는 대표적인 20세기 예술이고 증인이며 공모자일 것이다. 이 시대의 주역들은 매우 신속하게 영화를 선전 도구로 이용했다. 나치 독일 치하에서 영화배우 겸 연출가인 루이스 트렌커·레니 리펜슈탈·한스 슈타인호프(《활달한 히틀러 청년단》, 1933)·바이트 하를란(《유대인 쥐즈》, 1940)의 영화도 선전용이었다. 옛 소련에서는 미하일 치아우렐리의 《서약》(1946)이나 그리고리 알렉산드로프의 《엘베에서의 상봉》(1949)이 있으며, 미국에는 반공산주의 작품들(너널리 존슨의 《붉은 러시아가 드러났다》(1923)에서 《어둠의 민족》(1954)까지, 존 웨인의 《그린베레》(1968))을 들 수 있다. 유명한 영화인들(에이젠슈테인·랑·채플린·르누아르·비스콘티·고다르)도 정치적인 문제나 권력을 때로는 드라마틱하게 다루었다. 결국 세기의 혼란이 영화 속에 새겨지거나 새롭고 충격적인 표현 방식을 고안하도록 연출가들(레네·스트로브)을 이끌었다.

3. 난 관

레닌은 러시아 공산당원의 자격으로 연설하면서 공산당원들에게 가장 중요한 것은 예술 영화라고 규정지었다. 몇 년 동안은 제7예술과 옛 소련 혁명 사이에 일종의 합일이 이루어졌다. 영화 초기와 1914-15년부터 1920년대말까지 실현의 다양성과 열의, 영화를 말하고 만드는 사람들의 열정이 전세계적으로 넘쳐흘렀다. 그러자 아직도 새롭게 여겨지던 표현 방법 안에 수많은 희망이 자리를 잡았다.

에이젠슈테인의 이론서뿐 아니라 아벨 강스·엘리 포르·장 엡스탱의 이론서들은 대중의 토탈 아트나 무한한 가능성을 지닌 '언어 활동'이 영화 속에 있음을 보여 준다. 따라서 이것이 전적으로 옛 소련적 현상은 아니었지만 이런 낙관론이 1917년 혁명의 성공이 불러일으킬 수 있었던 현상과 조화를 이루었다. 그런 이유로 에이젠슈테인의 《전함 포툠킨》(1925)과 지가 베르토프의 《카메라를 든 사나이》(1929), 심지어 알렉산드르 메드베드킨의 《행복》(1934)에서 열기와 흥분이 느껴진다. 장 뤽 고다르는 옛 소련 영화에 "수많은 희망과 젊음이 있다"라고 말하고 있다. 그에 따르면 러시아에서 영화는 사물에 대해 색다른 관점을 지니고 있는데, 주어진 한순간에 고유한 다른 관점을 발견할 줄 알았던 한 개인에게서 효과적으로 실현되었고 영화화하는 방법을 알았으며, '그후로 아무도 발견하지 못했기' 때문에 에이젠슈테인이 '카메라가 놓이는 장소,' 즉 시각을 채택하는 각도를 인식했다고 단정하고 있다. 따라서 "그가 한 모든 구상과 더불어 에이젠슈테인의 미장센(장면화)[13]을 보기만 하면 사회 속에서 변화가 있던 순간에 영상이 만들어 내는 것을 보게 된다."(《영화 입문》, p.75, 81, 189)

유성 영화의 출현과 더불어 혁명 영화는 혁명을 위한 영화로 변형되었고, 교육적인 영화에 이어 아카데믹한 영화로 변형되었다. 에이젠슈테인의 최후 걸작인 《뇌제 이반》(1945)과 안드레이 타르코프스키의 《밀렵꾼》(1978) 사이에, 마르크 돈스코이의 작품처럼 훌륭한 몇 작품이 있기는 했지만 옛 소련 영화는 즈다노프[14]의 감시로 30년 동안 일종의 무감각을 경험한다. 에이젠슈테인도 한 사람의 권력(대중의 힘이 아닌)과 대립하자 영화 일을 그만두었다. 《밀렵꾼》에서는 3명의 인물이 진흙과 녹슨 철로 된 세계, 즉 구역 안에서 감히 아무도 들어가지 못하는 방의 중앙에 도달하기 위해 진창 속을 걸어

다닌다. 에이젠슈테인이 역사에 던진 질문에 의하면, 이 세 사람이 겪는 형이상학적 여정은 옛 소련이 어떤 수렁에 빠져 있는지를 암시해 주는 것이다.

스탈린 치하와 그의 사후(1953)에도 영화 작품들이 제작되기는 했지만 제작물 중 일부만이 서방 세계에 알려졌다. 이중검열로 인해 옛 소련이나 대부분의 공산주의 국가의 영화는 아주 힘들게 살아남았다. 옛 소련 당국은 자신들이 보여 주고 싶어하는 영화들만을 선별하였으며, 서양에서도 동유럽 국가의 영화에 대한 세심한 검열이 이루어졌다. 그래서 《전함 포툠킨》도 1952년에야 비로소 프랑스에서 상영이 허락되었으며, 《10월》도 "러시아 혁명이나 다른 체제가 내부에 지니고 있던 새롭고 위험한 것들이 제거된 후, 영상의 힘이 더 이상 중요하지 않던 순간인" 1967년에서야 상영이 가능해졌다. (고다르, 《영화 입문》, p.182) 폴란드 비디오 영상예술가인 즈비그니프 리프친스키는 《층계》(1987)에서 가장 유명한 장면이었던 오데사의 층계를 통해 전형적인 미국 여행객들에게 폐쇄된 기념물을 방문할 수 있게 해주었다. 리프친스키는 폴란드에서 엄격한 교육을 받은 후에 서방 국가에서 일하기를 선택한 예술가(폴란스키·콘찰로프스키·줄랍스키·스콜리모프스키·이오셀리아니·포르만 등)들 가운데 한 사람이었다. 이러한 시네아스트들의 출발은 공산주의 체제의 종말이 가까웠음을 알려 주는 하나의 징조였다. 망명자 가운데 몇몇은 적응을 매우 잘했지만 일을 찾지 못하는 사람들도 있었고, 심지어 안드레이 콘찰로프스키처럼 환상을 버리고 자신을 받아들이는 국가로 빠르게 이주하는 이도 있었다.

4. 검열하에 있는 도시

아메리칸 드림

한편 미국도 동유럽 국가의 영화를 금지시켰으며(그래서 2%도 안 되는 매우 적은 수의 '외국' 작품들이 미국에서 상영되었다), 영화를 선전 무기로 사용했다. 특히 영화가 원주민 억제 무기로 이용되었다. 할리우드에서는 무성 영화 시대부터 독일을 혐오하는 영화를 제작하기 시작하였고, 그후 '반공' 영화를 제작하였다. 또한 모든 대중에게 공격 무기로 이용된 영화도 있었다. 특히 미국 영화가 가장 뛰어난 선전자 역할을 하며 미국에 대한 긍정적인 이미지와 '미국적 생활 방식'이 전세계인을 위해 이상적인 해결책이라는 사고를 심어 주었다. 이런 점에서 영화는 대외적인 목적으로 기획된 '미국의 소리'라는 라디오 방송과 마찬가지로 일종의 무기와 같은 역할을 했다. 미국의 위대한 이상주의적 영화인으로는 프랭크 캐프라를 들 수 있다. 그의 코미디물(《스미스 씨 워싱턴에 가다》 · 《어느 날 밤에 생긴 일》 등등)은 부패에 대항하는 민주주의를 이상주의적 표현으로 변호하고자 했다. 역설적이긴 하지만 이런 보수적인 이데올로기와 "원인으로서 인간 계급이나 그들의 행위에 대한 단계 인식이 캐프라 영화에 실질적인 브레히트[15]적 반향을 가져다 준다."(장 클로드 비에트, 《작가의 시》, p.77)

우리가 '니켈로디언'[16] (1906년경 미국에서 흥행을 거둔 영화관의 이름) 시대라고 불렀던 것은 비교적 유사한 대중을 구성하기에 유리한 영화 형태를 나타내며, 이민자들을 교육하고 그들이 전형적인 미국인이 되도록 도와 줄 수 있었기 때문에 역사가들에게 향수에 젖은 모델로 보여졌다. 따라서 새로운 표현 방법이 국가적 연합을 창조할 수 있는 도구로 간주되었다. 폴 비릴리오는 다음과 같이 기록하고 있다:

야심찬 구성원이란······ '러시아 과격파의 위협'이 뮌헨에서부터 인도까지 만연하던 시기, 또한 날마다 미국인들이 러시아가 이미 파리에 진을 치고 있지는 않은지를 의심하던 시기에 공장이나 전쟁에서 일률적으로 소집된 산군(産軍) 공동의 프롤레타리아 신분의 미완성 사회 집단이다. (《인식의 기호논리학》, p.50-51)

영화 산업

영화는 예술이지만 할리우드에서는 분명 하나의 산업이다. 자동차 제조와 영화의 비교는 곧바로 테일러의 방법과 연이어 나온 제품들간의 유사성(부품의 규격화, 기계 조작의 호환성 등)에서 출발하도록 해준다. 할리우드에서 노동의 극단적 분업화, 종업원의 기능에서 뒤떨어지는 창조자나 수공업자의 기능, 스튜디오에 소속된 팀(시나리오 작가 · 카메라맨 · 아트 디렉터 · 편집자 · 배우 및 회사에 연관된 모든 사람)의 존재, 시리즈(한 장르나 어떤 대중에 연연하는, 또는 영화 가격으로 결정되는)의 존재 자체, 그 팀의 획일성, 이런 모든 사실들이 유사성을 대변해 준다. 따라서 이 산업의 독창성이란 오로지 시제품들을 제작하는 데 있다. (작품들이 서로 매우 비슷할 수도 있지만 절대로 동일하지는 않다.) 1920년대 중반에 할리우드 체제에는 소수의 주요 제작사의 형태(파라마운트 · 퍼스트내셔널 · 로스 · 폭스: 로스와 폭스는 1929년에 합병)와 '퍼버티 로(Poverty Row; 영세 연합)'라는 명칭으로 널리 알려진 소규모의 영세한 여러 제작사들이 있었다. 이 두 그룹 사이에 F.B.O.(Film Booking Office)나 유니버설처럼 몇 개의 주요한 중급 제작사도 있었다. 대형 회사들은 스페셜이나 초대형 스페셜, 다시 말하면 주요 경비를 투자하고 유명한 배우들이 출연하는 인기 영화를 제작하는 경우가 많았다. 또한 그 회사들간에 규모가 큰 개봉관을 놓고 치열한 싸움이 벌어지기도 했다. '스테이츠 라이츠(State's Rights)'라는 명칭으로 알려진 배급망을 놓고 독립 영화 제작사들이 격돌했다. (정확한 지리적 영역의 경계 내에서, 또한 몇몇 주요 도시에서 일하는 배급업자에게 영화 사용권이 판매된다. 그러면 그 영화 구입자는 영화관 주인에게 영화를 대여해 준다.) 은행들은 어떤 보장도 할 수 없는 이런 회사들이 유지되도록 도와 주지 않았기 때문에 살아남기가 어려웠다. 따라서 그 회사들은 속성 영화(quickies), 즉 서부 영화나 제작비가 적게 드는 코미디물을 주로 속성으로 찍는 싼 가격의 영화를 제작하게 되었다. 결국 제작 방법이 경제성과 연관되었다. 한 장면을 재촬영하는 것은 불가능했으며, 촬영할 당시부터 카메라로 영화를 홍보해야만 했다. 이런 회사에서 일하는 배우들에게 있어서 지속적인 관객 확보를 위해 충분히 광고를 한다는 것은 그만큼 어려웠다. 따라서 키가 그리 크지 않은 어떤 배우가 소규모 독립 제작사의 도움을 얻어 영화 출연을 하기 위해 큰 회사를 떠난다는 것은 무감각을 향해 가는 타락의 신호와 같았다.

계속 이런 체제가 지속되다가 1930년대에 일시적으로 안정되었다. 그후 메이저(M.G.M.·파라마운트·워너브러더스·20세기 폭스·R.K.O.)와 마이너(유니버설·컬럼비아·유나이티드아티스츠)로 구별되었다. 메이저들은 트러스트를 이루어 제작·배급을 겸했고, 흥행에도 자주 관여했다. 그러자 1939년경에 정부가 반트러스트법 위반으로 메이저들을 기소하기 시작하였고, 15년쯤 뒤에는 모든 메이저들로부터 분리(제작 행위-배급과 흥행의 분리) 승인을 받아냈다. 그후로 텔레비전이 등장하여 할리우드식 조직도 방향을 새롭게 전환하였다.

따라서 미국 영화는 냉혹한 상법과 살아남기 위해, 그리고 가능한 알맞은 조건에 최대로 접근하기 위해 가장 미약한 투쟁으로 요약되는 '계층'의 다양성의 지배를 받았다. 할리우드는 결코 여러 사람들에게 사회적 다원 법칙을 증명해 주는 지역은 아니다. 그래서 우디 앨런은 이렇게 선언하고 있다:

> 할리우드는 여전히 공장이었다. 대형 회사는 항상 있었지만 그곳에서 일하기는 매우 힘들었다. 많은 제작자들이 체제 때문에 질식되었지만……때로는 여러 압력에도 불구하고 좋은 영화가 나오기도 했다. 그후 사람들은 억압받고 파괴된 모든 것을 잊고 영화에 대해서만 이야기를 한다. (《르몽드》, 1991년 8월 1일, p.11)

할리우드와 정치력

미국에서 권력은 한번도 영화와 무관하지 않았다. 이 국가의 무성 영화도 테오도르 루스벨트의 후원으로 자리를 잡았고(한 예로 제임스 크루즈의 《서부로 가는 마차》(1923)가 루스벨트에게 바쳐졌다), 리처드 닉슨은 대통령이 되기 전에 할리우드에서 반미 운동에 전념했으며, 배우였던 로널드 레이건이 백악관에 들어갔다는 것을 통해 그런 징후를 엿볼 수 있다. 이 세 사람은 개성보다 정치성이 훨씬 탁월했다. 조지프 케네디 같은 정치 경영인들은 영화 산업에 상당히 일찍 투자했다. 할리우드는 이상적 도시이며 또한 분리된 장소로, 다소 벗어나기는 했지만 외부와 쉽게 접할 수 있어서 투자하기에 용이한 곳으로 여겨졌다. 할리우드 기관에서는 1920년대에 스스로 검열을 필요로 하여 하딩 대통령 집무실에 소속되어 있던 윌 헤이스에게 도움을 청했다. 매카시[17] 선풍 시대(1947-53년 사이)에 도시 주위에 방역선이 설치되자 이처럼 폐쇄된 공간에서 거물들 가운데 상당수가 자발적으로 그런 분위기에 동참하여 밀고가 만연했다. 또한 여러 사람들이 일자리를 잃지 않으려고 '강요에 의해' 고발을 하기도 했다. 그러나 몇 명은 자신들의 활동을 은밀하게 계속 진행해 나갔다. 하지만 여러 사람들(조지프 로지·줄스 대신·존 베리·라이오넬 스탠더 등)이 고국을 떠났다. 배우 존 가필드는 조국을 떠난 이후 사망했다. 1920년대 초반, 적어도 로스코 아버클 사건 이후로 의욕이 상실된 활동 무대와 할리우드 전통만이 남았다. 코미디 배우였던 아버클은 인기 절정일 때 위험한 상황에서 한 여인을 살해한 혐의로 기소되었다가 무죄로 풀려났으나 도덕 연맹이 주도한 아버클 반대 캠페인이 격렬하여 일자리를 다시 얻지 못했다. 그런 연맹들은 매카시적 정치에 반대하는 입장을 표명할 때마다 할리우드의 자유분방한 환경에 대해 흥분한 것으로 보인다. 1947년 5월 반미 운동 위원회 회장인 파넬 토머스가 '영화의 메카'에서 활동을 전개했고 분홍색의 작은 티켓(위원회에 출두하라는 소집장)이 수신자들에게 배달되기 시작했다. 11월에는 10명이 헌법에 대한 개선을 최초로 요구하며 증언을 거부했다. 위원회는 그 사람들에 대해 의회를 모욕한 죄로(의견을 내세운 범죄 행위로) 징계를 내렸고 감옥에 가두었다. 10명에 대한 재판과 블랙리스트의 작성이 이 시기에 두 가지 주요 사건이었다. 블랙리스트에 기록되면 지지자들이 사라지고 스튜디오를 닫아야 했다. 그리고 다시 일자리를 얻으려면 클리어링 오피스(Clearing Office)를 거쳐 자신의 자유주의적인 입장을 밝혀야만 했다. (자아 비판을 했다.) 1950년 6월에 일어난 한국 전쟁의 시작은 반공 캠페인의 강도를 높이는 계기가 되었다. 망명자를 소재로 한 채플린의 영화 《뉴욕의 왕》(1957)에서 그러한 분위기를 잘 엿볼 수 있다. 또 다른 영화 《땅의 소금》(1953-54)에서 저자와 특히 연출가인 허버트 비버먼은 모두 블랙리스트에 오른 자들이었다. 그들은 미국에서 예외로 여겼던 주제(새로운 멕시코에서 멕시코 노동자들의 파업)를 다루었을 뿐 아니라 영화화하기에 상당히 어려운 상황들을 소재로 했다는 이유로 저항 정신의 상징이 되었다.

할리우드에서는 모든 사회 운동과 정치적 조합의 조성(특히 시나리오 작가 조직)과 파업(주로 1945-46년의 파업)이 제한되었고 억압당했으며 끊임없이 철폐되었다. 이런 점에서 할리우드는 미국 사회의 확대경이라고 할 수 있다. 매카시 선풍 시기에는 단지 영화의 영역만이 타격을 받은 것은 아니다. 도처에서 수많은 노동자들이 해고를 당했다. 할리우드는 스티븐 스필버그의 세계와 월트 디즈니의 세계를 결합하여 중산층의 아메리칸 드림을 실질적으로 창조했던 곳이었다. 그러나 이런 꿈은 다양한 기형을 만들어 냈다.

원격 복음전도사, 덕망 있는 전문가, 타인의 죄를 인식하게 하고 선행의 동기를 알리는 데 전적으로 헌신된 사나운 이를 가진 백마 탄 기사들처럼 그다지 마음을 끌지 못하는 것들. 그런 두려움에 이르려면 순수한 문화와 신실함과 회개의 기쁨을 담은 광경에 기초하며, 이미 예전의 미국 영화를 오염시켰던 군중의 속물 근성을 만들어 낼 수 있는 미국적이고 청교도적인 문화가 필요했다. (세르주 다네, 《재연》, p.159)

할리우드에서는 연출가들이 지켜야만 하는 법률 목록인 헤이스 코드(1930년 3월 31일에 공식화되었다가 1950년대말 폐지) 덕분에 세심한 자가 검열이 실시되었다. 수많은 소권력(각 주·종교 단체·혈연 집단·시민 연맹 등)의 개입으로 미국에서도 검열이 실시되었다는 것을 잊어서는 안 된다. 그래서 미국 영화가 도덕적·미학적·정치적 순응주의의 가장 강력한 도구가 될 수 있었으며 적어도 30년 동안 미학적 형태의 제작자로서 최고의 중요성을 지닐 수 있었다.

5. 마부제 박사의 세 가지 연합

영화 역사는 예술(전공 혹은 대중적)이든 대중 매체든간에 다양한 표현, 그리고 대화 방식의 변천과 밀접한 관계가 있다. 실제로 영화는 이 둘 사이에서 중개자적인 위치를 차지한다. 영화에서는 공연의 형태로서 적절한 장소와 대중을 확보하기 전에 동조자와 지지자들이 필요했다. 또한 영화는 표현 방법으로서 우선 모델을 찾거나 각색을 해야 했는데, 그것은 영화가 공인된 미학 체계에서 제외되어 개발 탐구되고 있었기 때문이다. 영화는 새롭게 등장한 신인들에 의해 스스로 위험에 처하기 전부터 다양한 대화와 표현 방식으로 인해 위험성을 드러냈다.

영화는 특히 초기에 대중의 호응을 얻었다. 프랑스에서 사회적으로 무정부주의에 동조하는 지식인들이 만든 영화는 민중주의를 표방했다. 반면 영국에서는 몇몇 예외적인 중산층이 영화를 담당하였고 주로 노동자들을 겨냥했다. 또한 덴마크에서는 중산층이 자신들의 고유 목적을 위해 영화를 독점했으며, 소시민화가 가속화되던 이탈리아에서도 마찬가지였다. 이는 이 두 국가에서 영화가 빠른 진보를 이루었다는 것을 대변해 준다.

보드빌(經歌劇)

미국에서 영화는 서커스·카바레·보드빌·민스트럴쇼(흑인으로 가장한 백인들이 등장하는 연극)와 결합되었다. 또한 프랑스에서 영화는 순회 극단이 되기 전인 카페콩세르[18]와 결합되었고, 영국에서는 마술 전등과, 지중해 지역에서는 카라게즈(Karagheuz; 그림자 연극)와, 그리고 일본에서는 가부키나 심파와 결합되었다. 보드빌의 예는 자주 연구되었다. 이 새로운 연극은 고유한 전통을 지니고 있지는 않다. 그래서 변화와 교체가 끊임없이 가능하다. 보드빌은 이동성·다양성 및 영상과 감정의 신속한 연결이라는 특징을 지니고 있다. 따라서 서로 연관 없이 연속되기도 한다. 보드빌은 도시화와 공업화가 이끌어 낸 근본적인 변화에 대한 해답이다. 1890년 전통적인 미국의 대중은 다양한 출신지를 드러내며 밀려드는 이민으로 인해 변화되었다. 따라서 다양한 사람들이 새로운 관객과 새로운 유형사이에 연관성을 찾으려 한다는 점에서 영화와 보드빌간에는 공통점이 존재한다. 사실 보드빌이 나타내는 혼합된 공간은 영화보다는 텔레비전에 더 가깝다. 텔레비전과 마찬가지로 보드빌도 영화를 이용한다. 세르주 다네는 문체적 효과에서 《시민 케인》(1941)을 텔레비전과 비교하고 있다:

웰스는 우리가 오늘날 대중 매체라고 부르는 것을 이미 언급했다. 웰스가 가장 아름다운 충동을 성공시켰던 이유는 대중 매체의 근원에 관심을 쏟았기 때문이다. 그 충동은 오랫동안 영화 역사 속에 있었으나 시간이 지날수록 점차 우리는 대중 매체도 영화에서 멀어진 한 시네아스트(그에 의하면 겉으로만 시네아스트이다)——웰스라는 위대한 중개자——의 세계(대중 매체의 세계)에 대한 일종의 역사적

'시선의 특권'임을 깨달았다. 이런 것은 케인의 인생에 대한 오보(《3월의 뉴스》)를 다룬 영화를 보는 것만으로도 충분한데, 그 영화는 이미 완성된 자료를 기초로 하고 있는 크고 화려한 사망자 부고란이 미리 예측하고 있는 부분을 보여 주는 것으로 시작된다. 또한 라디오와 TV를 행복하게 해주는 생존자의 '증언'과 추도에 대한 갈망을 어떻게 예상하고 있는지를 보기 위해 늙고 주름 잡힌 코튼·슬로안 그리고 여러 사람들이 인터뷰(처음에 리포터와 행한)에서 영화화된 방식을 살펴보기만 하면 된다. 다시 말하면 웰스가 《시민 케인》 스타일의 현대물에서 중요한 요인 중 하나를 마치 그가 한 채널을 위해 한 것같이 혼합 스타일과 다양한 표현 방법으로 영화화했다는 것이다. (《재연》, p.87-88)

한편 케인이라는 인물은 자신의 전기를 통해 보드빌과 텔레비전 사이에서 변화한다고 말할 수 있는데, 보드빌(케인이 조직한 축제로 찬양되는 프로그램)에서는 의식적으로, 텔레비전에서는 예견된 방식으로 그렇게 두 화면에서 웰스가 연기하고 있다고 할 수 있다.

보드빌 극장 사장들은 때때로 '공백을 채우기 위해' 영화를 그들 공연에 포함시켰다. 그래서 보드빌과 영화는 더욱 긴밀하게 결합되었다. 그후 보드빌은 영화에 종속되더니 결국 사라지게 되었다. 서커스·카바레·순회 극단의 혼합은 옛 소련 무성 영화에서 전위적 연구, 프롤레트쿨트[19] 안에 있는 에이젠슈테인의 탐구나 코진체프와 트라우베르크의 F.E.K.S.의 연구를 위해 사용되었다.

언 론

물론 영화는 시나리오나 표현 방식과 한몸을 이루며, 연극·소설·채색 그림·에피날 판화[20]에서 그런 방식들을 빌려 온다. 그러나 영화와 관계를 맺은 최초의 현대적 매체는 주요 언론이었다. 신문의 연재 소설은 영화화될 수 있었지만 동시에 그 반대가 될 수도 있었다. (루이 가니에의 《폴린의 위기》라는 영화가 W. R. 허스트의 신문의 연재 소설이 되었다.) 여러 인물들이 이 영역에서 저 영역으로 이동했다. (프랑스에서 푀야드는 《유령》을 연출하였고, 독일에서 프리츠 랑은 최초로 《도박사 마부제 박사》를 감독했다.) 신문 편집자들은 영화로 찍기 위해 광고하고 있는 이야기에 신문 독자들이 텍스트와 주제, 혹은 결론을 제안하도록 경연 대회를 열기도 했다. 초기 영화들은 이미 언론에서 다룬 다양한 사실들을 재현하곤 했다. 신문에 나오는 만화도 영화로 채택되었다. 1897년 프레더릭 버 오퍼의 《행복한 깡패》와 1906년 《재미있는 얼굴의 익살스런 단계》를 예로 들 수 있다. 1903년 《뉴욕 헤럴드》지에 연재되기 시작한 《꼬마 네모》의 원작자인 윈저 매케이는 1910년대에 《공룡 거티》·《꼬마 네모》와 그밖의 것들을 만화 영화로 만들었다. 이런 오랜 결합은 얼마 후 상당히 의식적으로 변화되었다. 그 한 예로 펠리니가 서커스(《어릿광대들》, 1970)와 만화 영화에 집착을 보였다. 또한 1957년 고다르도 《내 마음의 쥘리에트》라는 제목으로 발표된 미국 만화(스탠 드레이크의 《줄리엣 존스의 마음》, 1953)에 대한 관심을 언급하고 있다: "《프랑스 수아르》지에서 〈내 마음의 쥘리에트〉를 살펴보면 이 만화의 장면이 그 당시 대부분의 프랑스 영화 장면보다 심미적으로 여러 해 앞서 있다는 것을 알 수 있다. 계획의 변화가 창의적인 독창성과 함께 장면의 내부에 깃들여 있다." 《맨드레이크》와 《딕트레이시》의 팬인 레네는 만화가 줄스 페이퍼와 공동으로 《집에 가고 싶다》(1989)를 감독했다.

라디오와 연극

영화가 두번째로 관계를 맺은 것은 유성 시기인 1920년대말과 1930년대초 라디오였다. 프리츠 랑은 1932년에 찍은 《마부제 박사의 유언》으로 또다시 그 시기의 표본이 되었다. 최초 영화(무성)에서 마부제는 변장술과 최면술로 인정을 받은 반면, 이 영화에서는 마부제가 사망하지만 목소리로 영향력을 계속 행사한다. 유성 영화에서 무성 배우들은 미셸 시옹이 드러냈듯이, 영화의 기원이나 이 영화가 보관하는 '중요한 비밀'을 가리킨다. 목소리 없이 몸만 등장하는 인물들은 육체 없는 소리와 비교되었고, 시옹은 《마부제 박사의 유언》에서 이 모든 것을 소개하면서 그것을 청력계(聽力計)라 불렀다:

우리는 신화의 영구화 기능과 동시에 변형의 기능을 단적으로 기록한 육체 없는 마부제를 향해 가기 위해 무성 영화의 고성소(古聖所)에서 나온 목소리 없는 마부제에서 어떻게 이 영화가 출발하고 있는지를 잘 볼 수 있다. 그러나 우리는 마부제가 항상 타인의 목소리를 얻음으로써 평범한 운명으로 전락한다고 말할 수밖에 없다. 한편 마부제가 덧없는 육체를 희생하며 자신의 불멸을 얻는 한, 그는 여전히 불완전한 오시리스처럼 존재하며 현대적인 매체에 대해 매번 자신의 존재와 힘을 견주면서 항상 영속할 준비를 하고 있다. (《영화 속의 목소리》, p.86)

음성으로 행사된 힘에 있어서는 우선 《카르파티아의 성》의 육체 없는 성악가의 힘과 히틀러의 힘을 상기하지 않을 수 없다. 오손 웰스는 화성인들의 침공을 실제적인 현장 보도처럼 묘사한 허버트 조지 웰스의 《우주 전쟁》이라는 라디오 방송을 각색하여 미국을 공포에 떨게 한 후에 《시민 케인》에서는 거물급 언론인, 대중의 주요 배후 조정자에 대해 언급하고 있다. (웰스도 소리와 영상의 위대한 배후 조정자라 할 수 있다. 그는 히틀러와 케인의 결합을 보여 주고자 했다.) 매체에 대한 웰스의 영향력이 정치적이었음은 의심의 여지도 없다. 1942년 조지프 코튼·리타 헤이워스와 함께 웰스는 댈튼 트럼보·존 하워드 로슨·링 라드너 주니어(이 세 사람은 할리우드의 열 손가락 안에 꼽힌다)와 연합하였으며, 언론이 '파추코스(pachucos)'에 대해 흥분하고 있던 시기에는 살인 혐의로 기소된 멕시코 청년들을 변호하기 위해 공산주의와 연합하였다. 장 나르보니의 기록을 보자:

정치, 그리고 웰스의 정치적 지리학이 있다. 《오셀로》이후에 《아카딘 씨》때부터 우리는 즉각적으로 도원경(桃源境)·요새·보루에서 나온다. 폭군의 저택은 지도 가운데 보이는 스페인의 한 성에 불과하다. 웰스가 지금까지 번복될 수 없는 자신만의 고백, 《돈 키호테》의 마지막 계획으로부터 종말적인 폭발까지 다루면서, 《상하이에서 온 여인》에서부터 《심판》까지 끊임없이 몰두한 것은 미로 같은 행성의 확장, 국가의 치안, 핵에 대한 강박 관념이다. (《카이에 뒤 시네마》, 오손 웰스 특집, p.98)

할리우드 자유주의자에 속한 웰스는 정신적 독립을 위해 값비싼 대가를 지불했고, 미국에 갇혀서 대중을 즐겁게 해주는 역할을 했다.

또한 영화는 《시민 케인》에서 소리를 이용하기 위해 연극과 필연적으로 결합되었다. 웰스는 이 영역에서 탄탄한 경험을 지녔기 때문에 머큐리 극단의 배우들이 연출가의 다른 영화에서와 마찬가지로

이 영화에 등장했다. '실험적인' 연극감독인 웰스는 영화에서는 완전히 발표되지 않은 음성 모자이크를 제시했다. 그 당시 브로드웨이는 흥행 수입, 기술 설비와 관례적인 초기 재료(극본과 배우)를 할리우드에 우선적으로 제공했다.

텔레비전

세번째 마부제 박사도 《악마 같은 마부제 박사》라는 제목으로 프리츠 랑이 제작하였다. 그 영화에서 등장 인물은 감시 스크린으로 룩소르 호텔의 모든 방에서 감시를 받는다. 랑은 성공이 예견된 매체의 성격이 어떠한가를 미리 파악했던 영화감독에 속한다. 이런 점은 채플린의 《뉴욕의 왕》에서도 검증되었다:

또한 로셀리니(최초의 위대한 리포터-여행가: 《독일 원년》)·타티(최초의 위대한 스포츠 리포터: 《축제일》)·브레송(새디즘 기구 놀이의 최초 진행자: 《소매치기》)에게서도 확인된다. 심지어 노장 르누아르(텔레비전을 위해 여러 카메라로 촬영한 최초의 인물: 《코르들리에 박사의 유언》)뿐 아니라 비디오 편집광, 조정실의 최초 실장인 나이 든 랑-마부제에서도 확인된다. 이들은 지역에 상관없이 모두 알게 모르게 텔레비전의 평범함을 앞질렀다. (세르주 다네, 《영화 신문》, p.69-70)

이들 모두는 어떤 힘이 우리 사회에 영향을 줄 것인지를 너무 잘 알고 있었다. 같은 시대에 존재한 대중 매체와 영화의 마찰에서 이끌어 낼 수 있는 교훈은 영화가 대중 매체(예술 형태와 사고의 실행)보다 항상 더 위에 있었으며, 영화의 존재가 윤리적 관점으로 언급되지 않도록 대중 매체 곁에서 비평적인 관점으로 보여지도록 해주었다.

6. 비평의 길

영화는 유력한 여러 권력을 위한 선전 무기로 사용될 수 있기 때문에 각성과 선동의 기능도 할 수 있었다. '비평' 영화의 주요 시기는 1930년대였다. 독일에서 좌익 세력과 프랑스에서 인민전선의 승리로 인해 최초로 피엘 유트치의 《빈자들의 지옥》(1929)과 베르톨트 브레히트와 슬라탄 두도브의 《쿨레 밤페》(1932)의 실현이 용이해졌고, 장 르누아르의 《삶은 우리의 것》(1936)과 《라 마르세예즈》(1939)가 그 뒤에 제작되었다. 영국과 미국에서는 어떤 주요 정치조직도 공산당의 역할을 할 수 없었으며, '색다른' 영화들이 여전히 매우 힘들게 제작되었다. 할리우드의 좌익 세력은 버나드 보하우스의 《남쪽으로 가는 길》(1939)이나 에이브러햄 폴론스키의 《지옥의 힘》(1948)처럼 몇 작품만을 만들었다. '개척 영화' 그룹에서 허버트 클라인 · 폴 스트랜드 · 페어 로렌츠 · 레오 허위츠 같은 사람들이 《평야를 경작하는 쟁기》(1936)와 《조국》(1942)을 촬영했고, 엘리아 카잔이 《컴벌랜드의 주민들》(1938)을 촬영했다. 그 영화에서 옛 소련 영화의 영향력이 여실히 드러났다. '개척 영화' 이전에 미국 시네아스트들은 '니키노(Nykino; Ny＝New York)'라는 연합을 구성했으며, 네덜란드 시네아스트인 요리스 이벤스가 그룹에 활력을 불어넣었다. 그는 여러 영화를 제작하였고(그 중에는 《광부》(1933)도 있다), 그 중 몇 작품은 옛 소련 감독 푸도프킨을 감동시켰다. 이런 유형의 '비평' 영화나 '참여' 영화 안에 1918년에서 1948년에 이르는 흑인 시네아스트인 오스카 미쵸의 그다지 알려지지 않은 작품을 필히 삽입해야 한다. 하지만 현대에 와서야 겨우 이 작품이 사회적 자료의 가치를 부여받았고, 스파이크 리 같은 현대 흑인 연출가들의 작품을 예견하는 것으로 여겨졌다.

'참여' 영화들이 생존하기 위해서는 조직이 항상 필요했으며, 금전적인 문제와 긴급함 때문에 항상 괴로움을 당했다. 그래서 '참여' 영화의 역사는 산발적이고 불행하다. 최근의 예들 가운데 하나는 장 뤽 고다르가 모잠비크에서 행한 실험의 실패였다. 모든 '비평' 영화들의 문제는 바로 형식에 있었다. 이런 형식에 대한 몰두가 억압되거나(1970년대 유럽의 경우) 혹은 너무 결핍되어 있었다. 더구나 영상의 '비중'이 상당히 빠르게 사라져 버려서 순간의 감정으로 흘러버렸다. 하지만 몇몇 작품들은 시간을 초월하여 여전히 아름다운 것으로 남아 있다. 앙드레 말로의 《희망》(1939), 바바라 코플의 《할런 카운티, U.S.A.》(1973), 또는 라틴아메리카 영화인들의 몇몇 영화들, 예를 들면 브라질(글라우베르 로샤(《검은 신과 하얀 악마》, 1964)·넬손 페레이라 도스 산토스·카를로스 디에구에스)·아르헨티나(페르난도 솔라나스·오타비오 제티노(《열정의 시간》, 1968))·볼리비아(조르주 산지네스, 《콘도르의 피》, 1969)나 쿠바(토마스 구테리에스 알레아·산티아고 알바레스)의 영화들을 들 수 있다.

30년 이상 금지되었던 영화인 폴 카르피타의 《플랫폼의 만남》(1953) 이후로 오늘날 우리는 20년 전부터 고도의 엄격함 가운데 집요하게 추구해 온 장 마리 스트로브·다니엘 위예 부부의 비평 작업(《포르티니/카니》, 1977; 《불만》, 1965; 《다수에서 저항으로》, 1979)과 지금까지 공산주의 표현 양식의 소멸에 대해 자문해 보는 유일한 영화인 난니 모레티의 작품, 특히 《팔롬벨라 로사》(1989)만을 보고 있다.

7. 영화와 전쟁

전쟁은 영화적인 미장센의 개념에서 가능한 모델로 자주 등장한다. 새뮤얼 풀러는 《미치광이 피에로》(1965)에서 피에로 페르디낭이 "영화란 무엇인가"라고 질문하자 "전쟁터"라고 대답한다. 물론 은유적인 표현이지만 몇몇 촬영 현장에서 연출가들이 자신의 부대에서 자의적인 힘을 행사하며 지시에 복종하도록 요구하는 군대 지휘관의 태도를 무의식적으로 취하고 있으며, 대규모 상업 영화도 전쟁과 마찬가지로 깊이 생각지 않고 물건들을 파괴하고 있음을 보여 주었다.(자동차, 사라져 버리는 사치스런 장식 등) 역설적이긴 하지만 전쟁은 우리가 실제로 죽이는 대형 라이브 영화의 한 장면처럼 느껴진다. 제1차 세계대전 동안 그리피스는 《세계의 심장》(1918)이라는 선전 영화를 제작하도록 프랑스 전방 부대에 파견되었다. 그러나 그는 만족스러운 전쟁터를 발견하지 못하여 영화의 주요 부분을 영국과 미국에서 촬영했다. 이 전쟁은 또 다른 결과, 즉 경제적인 결과를 지니고 있는데 그것은 "나는 할리우드의 근원이 제1차 세계대전에 있다고 본다"라고 한 시나리오 작가이며 소설가인 아니타 루스의 표현 양식을 확인시켜 준다. 실제로 앙리 랑글루아는 다음과 같은 사실을 인정했다:

전쟁이 자유스런 국제적 교류를 기반으로 하는 유럽 영화 산업을 와해시켰다. 따라서 우리도 실제적인 전환에 동참했다. 자발적이든 그렇지 않든간에 프랑스 영화 산업의 거장들이 체스 판에서 말의 위치를 바꾸고 있으며, 프랑스 회사의 미국 지점들이 본사를 능가하고 있다. 파테 익스체인지(Pathé Exchange)는 파리에 의해 제공되는 것

대신에 파리를 제공한다. 제작 센터도 프랑스에서 미국으로 이동하고 있다. 1914-15년에 일어난 이런 활동의 거대한 전환은 미국 산업이 여러 해 동안 우위를 차지하고 있음을 단언해 주는 것이다. 푀야드를 제외한 유명한 프랑스 감독들이 미국으로 건너갔다. 그 결과 루이 가니에에게서 《뉴욕의 신비》가 나왔고, 막스 랭데르도 자신의 최신 대작을 미국에서 촬영할 것이다. 또한 미국 최고의 스타인 나지모바·매리 픽퍼드·메 머리는 모리스 투르뇌르·카펠라니·레옹스 페레를 감독으로 모시고 있다. 마찬가지로 파리에서도 대형 회사들이 단기간에 제작하여 배급한 미국 영화들이 증가하고 있다. 그리고 전쟁이 끝나면 산업적이고 경제적인 영화의 대형 기구는 이제 더 이상 파리가 아니라 할리우드라는 것을 인식하게 될 것이다. (《영화 3백년》, p.28)

두 전쟁 사이의 독일 영화

제2차 세계대전도 또한 시사하는 바가 대단히 크다. 우선 독일이 전쟁을 준비했기 때문에 바이마르 공화국 시대(1918-25)로 거슬러 올라가야만 한다. 이 시기는 로사 룩셈부르크와 카를 리프크네히트의 암살, 스파르타쿠스 단원 운동의 억압에 의한 유혈 속에서 시작된다. 그래서 1918년 11월의 베를린 폭동, 동맹국들과의 휴전 서약과 카이저 기욤 2세의 사임으로 사회민주주의적 사상을 가진 에베르트가 대통령으로 지명되었다. 1919년 6월 베르사유 조약은 독일인들에게 패배와 굴욕감을 안겨 주었다. 1919년 8월 11일 바이마르 헌법에서 독일이 의회민주주의의 수립을 채택하자 위협을 받았고, 1920년 3월부터 극우 민족주의가 무장 폭동을 시도했다. 정부는 총파업으로 겨우 살아남았다. 1923년에 공화국이 마침내 신망을 잃게 되었다. 따라서 정치적 암살이 흔하게 자행되었고 루르의 점령과 인플레이션으로 원한·상실감·좌절·불행이 더욱 가중되었다. 화폐의 위기는 대규모 경영자를 제외한 모든 국민층을 파멸로 이끌었다. 실제로 인플레이션이 산업의 재편성을 조장하여 소수의 부와 권력만을 보장해 주었다. 하지만 영화 산업은 이런 상황을 활용하기도 했다. 역설적이긴 하지만 인플레이션이 고가 영화의 실현과 영화의 증가를 가능하게 해주었다. 실업으로 인해 저렴한 노동력을 확보할 수 있게 되자 자본주의자들은 외국에 판매할 수 있는 모든 것을 이용하여 달러를 긁어모았다. 모든 수출 영화들이 실제로 상당한 수입을 가져다 주었다. 그러자 독일은 미국 시장에 대한 개방을 고려해 볼 필요성을 느꼈다. 이 시기 독일에서는 Ufa라는 기업이 시장을 지배하고 있었다. 1917년에 구성된 이 기업은 실제로 1919년 5월에 흥행 영화관의 절반을 장악하였다. 이 기업은 대형 영화 상영을 전문으로 하고 있었다. 그 회사에 대항하여 1920년 7월에 창립된 에리히 포머의 데클라 비오스코프사가 있었으며(이 기업은 '표현주의' 연구를 지지했다), 도이리히사와 소규모 회사들이 1919년과 1922년 사이에 영향력을 발휘했다. 도이리히는 1920년에 Ufa와 조약을 맺음으로써 1921년 11월에 조약을 맺는 데클라 비오스코프보다 앞섰다. 1923년에는 에리히 포머가 제작의 총체를 맡았다. 1923년 9월 24일 Ufa는 '유성 영화-트리 에르곤의 운반' 진행 과정으로 제작된 최초의 유성 영화를 내놓았다. 비록 실패를 하기는 했으나 기술적으로 독일이 미국에 뒤지지 않았다는 것을 증명해 주었다. 1925년 템펠호프의 스튜디오가 재건되었고 초현대적 개념의 새로운 그룹이 노이바벨스베르크에 설립되었다.

독일 영화가 미국에서 성공하자 1926년에 상당한 인물들(배우로는 에밀 야닝스·콘라트 바이트·리아 데 푸티, 연출가로는 무르나우·

에발트 안드레아스 두폰트 등)이 미국으로 떠났으며, 그들은 독일 영화를 가장 빛나게 한 요인이 되었다. 에른스트 루비치 · 폴라 네그리와 다른 몇 명이 이미 선례를 보여 주었고, 몇 년 뒤에 또 다른 사람들이 절박한 심정으로 그들의 뒤를 따랐다. 지크프리트 크라카우어는 《칼리가리에서 히틀러까지》라는 유명한 작품에서 《칼리가리 박사의 밀실》이라는 영화가 히틀러의 출현을 이끌어 내는 흐름의 전조가 되는 최초의 영화일 것이라는 가정을 전개시켰다. 크라카우어가 제시한 목적은 분명했다. 그는 경제적인 변화, 사회적 욕구와 정치적 음모의 명백한 역사 이면에 독일 민족의 내적 기질을 담고 있는 더 은밀한 역사가 있다는 것을 보여 주고자 했다. 크라카우어는 국가의 파산으로 실추되었으며 공산주의와 동맹국에 대항하는 격한 감정을 갖고 있는 중산층(무일푼이 된 옛날 귀족, 중소 산업과 상업, 공무원과 노동자, 정년 퇴직자와 연금 생활자, 교육자와 전문직 종사자, 일이 없는 군인 등)의 정신 상태를 '독일 정신'으로 이해하고자 했다. 인구의 대부분이 민족주의자와 반공산주의, 즉 극우 나치에 동조했다. 그러나 크라카우어는 독일 영화가 왜 다른 계층이 아닌 바로 중산층을 표현하고 있는지에 대해서는 언급하지 않았다. 그가 비록 기계론적 방법으로 행하기는 했지만(어쨌든 발생된 사건의 전조가 되는 징후들을 발견하는 것이 항상 필요하다) 이 시기의 독일 영화를 중산층의 내적 독백으로 해석함으로써 나치즘과 영화 사이에 근본적인 무엇이 작용했다는 사실에 관심을 집중시켰다는 점에서 높이 평가받아야 한다. 발터 벤야민은 그보다 10년 앞선 1936년에 매우 흥미로운 방식으로 이런 생각을 피력하고 있다. 그에 의하면 정치는 히틀러와 더불어 '예술'이 되었고, 좀더 정확하게는 영화 모델을 토대로 한 국가의 미장센이 되었다. 후에 일어나는 사건들이 이런 견해를 증명해 주곤 한다.

나치적 미장센

히틀러는 그의 측근들과 마찬가지로 할리우드 영화에 매료된 것처럼 보였다. 그러나 나치 당원들은 《차가운 배》가 자신들의 마음에 들지 않자 금지시켜 버렸다. 이것에 자극을 받은 프리츠 랑은 스스로 준비하고 있던 영화 대가의 길을 포기하고 망명한다. 히틀러는 뉘른베르크에서 열리는 민족사회당 회의를 영화화하기 위해 레니 리펜슈탈에게 도움을 청했다. 결국 '카메라에 따라,' 즉 시네아스트에 의해 사건이 조작되기에 이른다. 건축가 알베르트 슈페어는 총통의 '정치적인 초대작(超大作)'의 배경 설치를 맡았다:

> 히틀러가 슈페어에게 뉘른베르크의 제펠린펠트 연합의 넓은 장소에 대해 기발한 투영도를 구상하도록 요구하자 슈페어는 최초 초안에서 생각한 돌기둥 대신 1백50개의 방공 조명기가 하늘을 향하고 있는 빛 기둥을 사용하여 새벽 미명에 하늘에서 사라지도록 설계함으로써 천장 아래로 6천 미터의 다주식(多柱式) 표현으로 된 방에 있는 듯한 인상을 대중에게 주었다. (폴 비릴리오, 《인식의 기호논리학》, p.101)

또한 질 들뢰즈는 다음과 같이 기록하고 있다:

> 공포가 전체에 스며들고 영상 '뒤에는' 수용소밖에 볼 것이 없으며, 육체가 고통스런 속박 외에는 아무것도 없었던 상황에서 '위대한 정치적 장면, 생동하는 화면으로 된 국가에 대한 선전, 대중에 대한 최초의 인간적 취급'이 영화적 환상을 실현시켰다……. 파시즘은 끝까지 할리우드와 경쟁하여 살아남았다. 세계백과사전, 자연의 미화,

벤야민의 표현에 따른 '예술'로서의 정치는 진한 공포가 되었다. 단지 권위주의만이 조직적인 핵심이었고, 권력은 배우나 감독을 더 이상 드러내지 않았으며, 대신 칼리가리와 마부제의 실험을 드러냈다. (《영화 신문》, 서문, p.5-6)

할리우드를 자신의 나라로 옮기기 바랐던 이탈리아인들도 미국적 모델에 관심을 가졌다. (1935-37년의 치네치타는 이런 소망의 결과였다.) 수상의 아들 중 한 사람인 비토리오 무솔리니는 할 로치와 함께 오페라 대작들을 화면에 선보일 목적으로 이탈리아-미국 합작회사 설립을 결정했다. 실제로 히틀러는 가장 뛰어난 수공업자나 예술가들 중 몇 명(페터 로르·루이스 라이너·프란츠 박스만·프리츠 랑·빌리암 디텔러·베르톨트 브레히트 등)을 할리우드에 주는 방식으로, 또한 전쟁과 더불어 시나리오를 제공함으로써 자신의 빚을 갚았다고 볼 수도 있다. 그래서 장 뤽 고다르는 심지어 이렇게 말하고 있다: "예술가들이 이것을 시나리오의 모습으로 활용했다. 원칙적으로 저작권은 없지만 현재 아르헨티나에 있는 히틀러나 마르틴 보어만에게 로열티를 지불해야 할 것이다."(《영화 입문》, p.249-250) 20세기 폭스사의 로고도 알베르트 슈페어의 작품과 매우 흡사한 빛의 건축물을 나타내고 있다. 또한 미국인들이 히틀러 제국의 계획(원자 폭탄·텔레비전)을 완성으로 이끌었다. "미개한 자료이면서 문화 자료인 것은 하나도 없다."(발터 벤야민)

전쟁중의 할리우드

1942년부터 미국 산업은 24시간 생산 체제로 나아갔고, 모든 경제는 전쟁 노력에 집중되어 수많은 제약(신문의 축소, 배급 휘발유,

신형 자동차의 품절, 레코드 판의 품절)이 따랐다. 따라서 영화만이 유일한 오락이 되었다. 산업 도시에서는 많은 영화관들이 휴관 없이 항상 열렸으며, 매일 세 팀이 작업을 지속하여 밤낮으로 매시간마다 대중에게 영화를 제공해 주었다. 따라서 전쟁 동안 할리우드 영화 제작도 풍부하게 이루어졌다. 영화 제작은 주로 소자본의 영화와 순수한 오락물로 이루어졌다. 녹음이 금지되자 뮤지컬과 가수와 재즈 오케스트라의 장면을 자주 사용하였고, 심지어 순수 뮤지컬 영화가 아님에도 불구하고 이런 장면들이 등장하기도 했다. 또한 할리우드에서는 반나치주의의 애국적 만화 영화와 미군의 사기를 고조시키는 전쟁 영화를 제작하였다. 따라서 "미 국방성 자체가 직접적인 제작자나 선전 영화의 개발자가 되지는 못했으나 영화 제작이 군 최고사령부의 관심에 힘입어 진행되었다."(폴 비릴리오, 《인식의 기호논리학》, p.12) 프랭크 캐프라 · 존 휴스턴 · 존 포드 · 윌리엄 와일러 같은 시네아스트들이 독일에서처럼 군대를 따라다니며 미군을 위한 다큐멘터리를 제작했다. (베르마히트[21]의 각 연대는 영화와 군대를 조화시킨 선전 부대를 갖고 있었다.) 조지 스티븐스는 다하우[22]에서 《베를린으로 돌격》을 찍어서 실제 영상을 보관하고 있었는데 새뮤얼 풀러가 《빅 레드 원》(1980)에서 과감하게 그것을 삽입하였다. 기록 영화와 사실 영화 사이에서 안제이 뭉크의 《여행객》(1963)이라는 영화와 알랭 레네의 《밤과 안개》(1955)가 장 케롤이 쓴 해설과 더불어 자리를 잡았다. 세르주 다네는 다음과 같이 기록하고 있다:

1960년대 전환점에서 레네는 훌륭한 시네아스트라기보다는 지진계라고 해야 할 것이다. 현대화의 토대가 되는 사건을 이루는 견디기 힘든 일이 그에게 일어났다. 다른 데서와 마찬가지로 영화에서도 등장인물과 더불어 그 이상의 것, 즉 인종을 고려해야만 했다. 하지만 이 등장 인물은 거부되고(집단 수용소), 핵무기로 파괴되고(폭탄), 쇠약해져서(고문) 전형적인 영화로는 회복될 수 없었다. 따라서 다른 형식을 발견해야 할 필요가 있었다. 그것을 행한 사람이 바로 레네였다. (《영화 신문》, p.164)

그때부터 영화가 '이와 같은 사건의 수준을 품위 있게 유지하고, 정보를 주고 구성할 수 있는 유일한 예술'로 비춰졌다.(《재연》, p.132) 평론가 앙드레 바쟁은 파리에서 로셀리니의 영화 《무방비 도시》의 첫 장면과 영화를 마무리한 고문 장면 후, 레지스탕스와 전쟁 포로였던 대중들 앞에서 토론을 이끌며 이 작품을 성급하게 보여 주면서 이해되지 않는 방식으로 이야기함으로써 영화라는 말의 의미를 정확히 진술하지는 못했다.

8. 제2차 세계대전 후의 영화

비양심적 영화

히틀러가 한순간 지나쳤음에도 불구하고……사람들은 그들 나라에서도 같은 일을 행하곤 했다……. 처칠도 영국 식민지에서 같은 사건을 저질렀고, 프랑스인들도 다른 곳에서 마찬가지로 행했다……. 게다가 히틀러가 제거된 후부터 사람들은 시기심만을 지니게 되었으며 다른 곳에서 그 일을 되풀이하기 위해 곧바로 달려갔다. 적어도 히틀러는 솔직했고, 자신의 나라에서 그 일을 벌였었다. (장 뤽 고다르, 《영화 입문》, p.181)

고다르는 유럽에서 식민지 방식의 적용을 나치주의에서 찾고 있는《식민지화에 대한 담화》를 쓴 에메 세제르의 해석을 여기에 인용하고 있다. 전쟁 이후의 유럽 영화는 매우 독특한 일련의 비양심을 보여 주고 있다.

독일인들은 "오두막, 아그파 필름, 현대적인 순진한 처녀와 선한 아리아족 스키 교사를 이용한 나치 영화의 종말로 순수한 티롤[오스트리아 주로서 이탈리아 북부의 알프스 지역을 포함한다]의 코미디 영화를 괴롭히고"(세르주 다네,《재연》, p.86) 일종의 시시(Sissi)를 제시한다. 볼프강 슈타우테의《살인자들은 우리 사이에 있다》(1946)와 슬라탄 두도브의《밤보다 강렬한 것》(1954)의 두 영화는 근본적으로 대조를 이룬다. 독일 영화는 1960년대말이 되어서야 내세울 만하게 되었다. (알렉산더 클루게·라이너 파스빈더·빔 벤더스·한스 위르겐 지버베르크 등.)

프랑스 영화는 "아주 특별한 기억 장애에 시달리고 있다. 그래서 프랑스 영화는 결국 잘못 흡수된 프랑스 역사의 일부밖에 될 수 없는 '시나리오의 위기'를 자신에게만 있는 폭탄처럼 지니고 살고 있으며, 과거(대독 협력 정책, 숙청, 식민지 전쟁: 수많은 비열한 행동)는 사라지지 않았다."(세르주 다네,《재연》, p.181) 휴전 덕분에(알랭 레네와 크리스 마르케르의《조각상도 죽는다》(1953), 장 클로드 보나르도의《모랑봉》(1958), 자크 리베트의《수녀》(1966), 그외 몇 작품이 금지되었다) 프랑스 영화는 장 르누아르의《라 마르세예즈》처럼 아주 드문 경우를 제외하면 프랑스 역사의 중요한 순간(예를 들어 파리의 코뮌——독특한 장면의 일종——처럼 제카[23]는 공포에 질려 침묵한 채 베르사유 정규군들[1871년 파리 코뮌과 싸움]이 행한 처형을 목격했다)을 전혀 다루고 있지 않다. "나는 '점령시에 독일 영화를 좋아했다'라고 말할 용기가 전혀 없고 나중에 로미 슈나이더를 마그다의 딸,

억압받는 튜튼족으로 만들었던 선한 프랑스 국민을 떠올리곤 한다."
(《재연》, p.86) 그러나 프랑스 영화는 점령 시기에 가장 융성했다:

　　승리국이며 동맹국인, 또한 정화되어 회복기에 있던 프랑스가 다
소 자질이 부족했던 순간이 되자 프랑스적 특성이 두각을 드러내기
시작했다……. 《천국의 아이들》은 점령된 한 국가만이 배경과 과거,
배우와 '영화의 아름다운 역할'을 지향하는 흐름과 더불어 최상으로
제작할 수 있던 것이다. 또한 그룹의 묘사와 형언할 수 없는 향수에
심취된 집단적 예술도 지향하고 있다. (아이들과 천국보다 더 '순수
한' 것이 무엇이 있겠는가?) (세르주 다네, 《재연》, p.155, 183)

　　한편 르네 클레망은 철도 종사원의 저항 운동을 다룬 《철도 전쟁》
(1945)을 제작하였고, 장 폴 르 샤누아는 베르코르의 무장 항독 지
하 단체를 다룬 《폭풍우의 중심에서》(1948)를 찍었다.

네오레알리스모

　　파시즘 시기에 이탈리아는 유사 역사 영화, 칼리그라프(마리오 솔
다티, 《말롬브라》, 1942), '백색 전화' 장르에 관심을 두었다: "끊임없
이 정의하는 것 이외에 이 예술을 특징짓는 '부재지주주의(不在地主
主義)'는 자신의 '카타르파'의 측면, 플라톤주의, 시간을 초월한 특
성을 독일 점령하의 프랑스 영화에서 발견하게 된다. 이탈리아 지식
인 계층은 내부적으로 '점령'을 감내하고 살았기 때문에 완벽한 확
증 거리이다."(바르텔르미 아맹귀알, 〈또 다른 저항으로〉, 《영화 연구》,
n° 82-83, 1976, p.65) 장 뤽 고다르는 전쟁이 끝날 무렵 이탈리아 영
화에 대해 냉혹한 해석을 하고 있다:

왜 이탈리아 사람들만이 유일하게 저항 영화를 만들었으며, 그렇게 함으로써 대중 영화를 보는 방식을 바꾸었을까? 우리가 큰 저항 없이 적들에게 자리를 양보한 민족인 이상 그것은 유고슬라비아인, 소수의 러시아인, 폴란드인이어야 했다고 말할 수 있을 것이다. 폴란드인들은 뭉크의 영화처럼 집단 수용소에 대한 훌륭한 영화를 만들기도 했지만, 그것은 한 개인의 영화였을 뿐이다. 프랑스인들도 1,2편의 영화를 만들기는 했으나 거의 무(無)에 가깝고, 시간이 흐른 후 비시 정부하에서 행했던 단막극들을 다시 제작하기 시작했다. 따라서 이탈리아인들만이 유일하다고 볼 수 있다. 이것은 다음과 같은 사실로 설명된다: 그들이 하찮았지만 존재할 필요가 있었고, 영상이라 불리는 수치스런 속임수가 필요했기 때문이었다. 이탈리아는 오로지 영상에 집착할 수밖에 없었고, 그것을 이 영상으로 만들어야만 했다. "이탈리아인들이여 바라보십시오, 그것은 무솔리니가 아니라 《무방비 도시》입니다. 아비시니아가 아닙니다." (《고다르에 의한 고다르》, p.511)

언뜻 보기에 선동적인 이 관점(미셸 투르니에는 《무방비 도시》 1편으로 이탈리아인 모두를 레지스탕스로 만들기에 충분했다고 기록하고 있다)은 기본을 잃지 않고 있다. 레지스탕스는 이탈리아에서 무솔리니의 실각 때부터 군대화되었다.(1943년 7월) 레지스탕스는 우선 문화적 현상의 측면과 외국에 대한 개방, 특히 미국 소설의 전통에 입각한 이상적인 레지스탕스의 측면을 지녔다. (예를 들면 체사레 파베세[24]가 번역한 멜빌·더스 패서스·스타인벡·셔우드 앤더슨 등) 옛소련만이 희망의 형태를 표현한 유일한 국가는 아니었다. 미연방도 파시즘 시기에 유럽에서 이런 역할을 담당했고 거의 신비적인 대륙처럼 생각되었다. 이런 아메리칸 드림이 프랑스에 깊이 파고들어서 대서양 너머에서 온 문화적 제작품인 영화의 가치를 높여 주었다. 이탈리아에서 영화는 '이국적인 대상으로 공공연하게 탐구될 수 있다는 인식'을 주었다.(아맹귀알) 루키노 비스콘티의 최초 영화인 《강박관념》(1942)은 제임스 케인의 소설 《포스트맨은 벨을 두 번 울린다》(르누아르의 《토니》(1934)의 영향을 엿볼 수 있다. 《토니》의 조연출이 비스콘티이었다)를 각색한 것이다. 몇 년 후 비스콘티의 《흔들리는 대지》(1948)는 소설가 조반니 베르가의 전통 속에 안주함으로써 다분히 '소련적인' 냄새가 났다. 결국 1945년 이후에 이탈리아 영화는 이 두 개의 영감 사이에서 갈팡질팡했다. 그 중 하나(은유적이고 '이론적인')가 영화를 사건의 억압과 냉전의 분위기로 이끌었다. 주제페 데 산티스의 《방랑자》(1947)나 알도 베르가노의 《태양은 다시 떠오른다》(1947)가 다소 옛 소련적 측면이 있는 반면 로셀리니의 영화(《전화(戰火)의 저편》, 1946; 《무방비 도시》, 1947)는 미국적 측면이 강했다.

우리가 네오레알리스모를 정의하자 결과적으로 그 명칭이 영상에 대한 다큐멘터리적 특성, 진실에 대한 강조와 솔직한 현실에 도달하려는 방법(즉흥극(삭제의 거부), 거리에서 발탁된 배우들, 방황의 주제, 자연스런 장식, 푸도프킨의 개념에 영향을 받은 서술적 편집)으로 인해 전쟁 후에 나타난 이러한 움직임에 사용되었다. 한편으로는 두 개의 흐름이 있었다: 하나는 루키노 비스콘티·카를로 리차니·피에트로 제르미·루이지 잠파·주제페 데 산티스가 보여 준 정치적인 흐름이었고, 다른 하나는 장 클로드 비에트에 의해 '신그리스도교'라고 불리는 것이었다. 신그리스도교는 가장 가시적인 영향력을 지녔으며, 특히 로베르토 로셀리니라는 인물에게 영향을 주었다. 그는 무솔리니 체제를 위해 일하고 레지스탕스에 대한 역사 영화를 제작한 후에 네오레알리스모로 인해 관념적인 방향 전환을 감행했

다: "로셀리니의 영화에서 연속된 긴 시퀀스들이 해방을 기다리게 해줌으로써 우리는 하나님, 삶에 대한 성취감, 대화에서 완전한 신뢰를 무관심하게 요구할 수 있다."(《작가의 시》, p.120) 파스칼 보니처는 다음과 같이 말한다:

로셀리니의 예술은 겸손하게 사물의 수준까지 내려가려고 하면서, 또한 사물을 '있는 그대로 두는' 체하면서, 그 중심에서 기적 같은 사건, 은혜나 섭리의 예리함이 나타나도록 하고 있다……. 로셀리니식의 사실주의는 현실이 기적을 일으킬 때에만 의미를 지닌다. 그 사실주의는 이 밧줄의 흔들림이 멈추자마자 교훈적 경향과 역사적 교육 속으로 추락한다. (《맹목적인 영역》, p.130)

할리우드, 다국적 도시

같은 시기에 할리우드의 절대적인 영향력("모든 사람이 영화를 보아야 한다는 것은 매우 독재적인 생각이다"라고 고다르는 말한다: 《영화 입문》, p.188)은 그후로도 확연하게 드러났다. 유성 영화의 출현으로 미국의 주도권이 확실해지자 미국의 역사, 표현 방식, 경제적 규범, 급기야 언어까지 받아들여야 했다. 유성 영화 초기에는 메이저들이 외국 시장을 장악하기 위해 자신들이 수출하고자 하는 영화를 '그 나라' 언어(스웨덴어·독일어·프랑스어 등)로 더빙했다. 배경과 주연 배우들도 마찬가지였지만 절대적이지는 않았다. 할리우드의 주도권은 대부분의 유럽 제작물에 대한 재정적 통제와 유럽 시장에 대한 침략으로 특히 잘 드러났다. 하지만 프랑스의 경우는 특별했다. 1947년 1백45편의 미국 영화가 프랑스에서 상영되었으나 프랑스 영화는 72편만이 제작되었다. (1947-57년 사이에 평균 1백9편의 영화가 매년 제작되었다.) 국가의 개입(수입 제한 조치, 1949년부터 유럽의 다른 국가와의 정책적인 합작)도 시장 원칙의 결과를 바꿀 수는 없었다. 고다르는 다음과 같이 강조하고 있다:

전쟁 후 마셜 플랜이 있었던 것처럼 독일의 회복을 도와 준 마르겐토 플랜이 있었다. 그러나 마셜 플랜에서 언제나 초기에 떠오르는 것은 바로 영화이다. 영화는 문화적 형태로 나타나는 자본주의 산업의 지표이기 때문이다. 합의가 이루어지면 언제나······중국과의 모든 합의에서도 최초의 합의는 문화적 교류였었다. 따라서 한 예로 프랑스 영화를 파괴시킨 것은 쿼터 역사와 함께 했던 블룸-번스 협약이다. (《영화 입문》, p.219)

고다르는 미국에서 영화 산업이 수치스런 돈을 세탁하는 데 사용되었다는 것을 '암호'로 표시하고 싶어서 하워드 휴스라는 인물 속에서 마피아·펜타곤과 할리우드 사이의 연관성을 드러내고자 했다. 한 국가의 주도권이 세기말에도 여전히 강하게(가능한 한) 느껴졌으며, 그 시기에 영화는 어느 곳에서나 위험에 처했다. (경제력과 신속 정확함으로 인해 국경 지역에서는 덜했다.) 주도권의 진정한 힘은 낯선 국가에 폭탄을 퍼붓는 것(전혀 받아 본 적 없이)과 동시에 시도된 전쟁이 야기시키는 정신 상태들을 보여 주는 것이다. 그처럼 분쟁이란 본질적으로 모든 관점에서 적이 소멸되었음에도 불구하고 한쪽에서 나타나기만 해도 존재하게 된다. 베트남을 소재로 한 일련의 영화는 위의 특징을 보여 준다.(마이클 치미노의 《지옥 끝의 여행》, 1978) 다네는 스크린 어디나 전쟁이 난무한다고 말하면서 그 이유를 이렇게 설명하고 있다:

그 이유는 전통적으로 전쟁 영화가 기술의 시험대이기 때문이다. (돌비사운드가 관중을 얼빠진 모르모트로 변화시키는 것처럼) 특히 전쟁이 되살아나는 이유는 영화가 TV와 대항하여 패배한 이 세상에서 미국인들이 영화에 대한 전쟁터를 잃고 싶어하지 않기 때문이다. 그래서 영화의 제목들이 의미심장하다. 《스타워스》(조지 루카스)·《지옥의 묵시록》(프랜시스 포드 코폴라)·《레이더스》(스티븐 스필버그) 등. 더구나 현실 영화와 이 현실을 파괴하는 예술은 단단히 연결되어 있다. 무엇 때문에 두려워하고 있는지……. (《영화 신문》, p.42)

미학적인 면에서 그 결과는 드라마틱했다. "영화는 더 이상 다양하지 않다. 미국식 텔레비전 영화 모델의 세계적인 성공으로 영상과 음향의 또 다른 장치에 대한 가능성은 거의 열리지 않았다."(위의 책, p.75) 바르텔르미 아맹귀알은 포르노 영화조차도 할리우드 주도권의 표시로 해석하고 있다:

미국적 '행복'의 근본적인 비현실성이 지나칠 정도로 포르노 세계를 포위한다. 마치 전적으로 승화된 감성 영화——심성의 열반——에서 분리되어 희미해진 이상주의가 오로지 도발적으로 성적인 영화——섹스의 열반——의 관능적인 현실주의 위에 반론이나 변모 없이 놓이는 것 같았다. 비열함, 육체적·심리적 상실이 없는 세계, 그곳에서는 생리적 구속이 사악한 기쁨의 근원(해방되는 대신 그 필요성으로 인해 복권이 인정되는)으로 회복되고, 상상할 수 있는 유일한 기쁨이란 무제한적인 성행위에 있으며, 남녀 모두, 심지어 동성애자들까지 신호 하나로 떠날 준비를 하고 첫눈에 빠져든다. 또한 실패, 지체, 감정의 진정, 비동시성(非同時性)이 없는 세계, 그곳에서는 성욕을 자극하는 구역 어디에서나 어떤 행위로든 즉시 끝없는 황홀함에 빠진다. (바르텔르미 아맹귀알, 〈관능적인 현실의 구원으로서의 포르노 영화〉, 《오늘날의 영화》, n° 4, 1975-76년 겨울, p.32)

《세일러와 룰라》(데이비드 린치, 1990) 같은 영화는 공존하는 두 상상력 사이에 엄청난 표준이 시작되고 있음을 짐작케 해주었다. 그 중 하나는 무미건조한 공상(영화 내내 흐르는 기준은 다른 영화, 즉 《오즈의 마법사》(빅터 플레밍, 1939)에서 보여 준 미국의 연말 축제 의식이다. 엘비스 프레슬리의 로맨스가 이 세계를 보완해 주고 있다)이며, 다른 하나는 걷잡을 수 없이 모든 것을 휩쓸어 가는 범죄적인 폭력(정신이 미약하거나 정신병자에 의해 구현된)이다.

그러자 미국 영화가 전세계 대부분의 스크린을 압도적으로 장악한 것에 대항하여 다른 유형의 영화, '미국 오페레타로부터 우리를 변화시키려는 오페라 영화'(세르주 다네)를 꿈꾸는 사람들이 특히 모욕을 당했거나 착취당한 국가에서, 심지어 미국에서도 미국 영화가 줄 수 있었던 훌륭한 형태들을 잊은 채 영화에 맞설 수 있는 모든 것에서 기준을 찾았다.

3
찬란한 빛

그리고 하늘은 하나뿐인 수목의 푸른 수분에서 보
랏빛 즙을 얻어낸다.

생 종 페르스 《아나바스 VII》

1. 역사와 기술

영화는 두 유형의 역사를 생성시킬 수 있는데 그 하나는 온갖 세
부 묘사를 민감하게 하는 것이고, 다른 하나는 큰 덩어리로 구분하
는 것이다. 후자의 관점으로 보면 큰 변화가 없지만 전자의 시각으
로 보면 모든 것이 빠르게 변화한다. 하지만 어디에 변화를 설정해
야 할 것인가? 기술적 자료들의 존재가 무시되어서도 안 되며, 그
자료들이 우리가 생각하는 견해로 인해 과대평가되어서도 안 된다.
우리도 알고 있듯이 기술적 개혁의 대부분은 세기초에 실현되었다.

우리는 별 모양으로 배치된 10대의 70밀리미터 영사기를 사용해
수평적 시야를 재현한 그리무앙 상송의 대형 영화를 잊지 않기
때문에 컬러·유성·스테레오 영화가 대형 스크린과 대형 영화에서
시도된 것이 1900년의 엑스포에서라고 생각할 수 있었다. 1894년부
터 에디슨의 기계(키네토폰)가 소리와 영상을 연결시켰다. 또한
1908년부터 2색도 가색법이 두드러졌다. 1920년대말부터는 대형 스

크린(특히 70밀리미터)이 미국에서 사용되었다. (단기간에 중단되었다.) 1931년에는 최초의 텔레비전 카메라가 발명되었다. 1935년부터 루이 뤼미에르가 입체적 영화 기법을 소개했다. 하지만 이런 개혁의 대부분을 효과적으로 적용하는 것이 영화 형태 역사에 있어서 결정적 요인은 아니었다.

오늘날 4백 아사(Asa) 필름이 존재한다는 사실과 영화 초기인 1930년대에 연출가와 카메라맨들이 10-20아사의 흑백 필름만을 사용했다는 사실은 단지 작업 방법과 카메라 이동차(dolly),[25] 카메라 받침(steadicam)이나 루마(louma)같이 반사 조준 체계의 조정과 연관된(1940년대 초) 것 외에는 기본적으로 아무런 변화를 가져오지 않았다. 따뜻한 색조에서는 구별되지 않는 정색성(整色性) 필름에서 흑백과 회색의 모든 뉘앙스를 재현할 수 있는 전정색(全整色) 필름으로의 변화(1920년대 중반)는 할리우드에서 클래식이라고 규정된 형태의 실현을 용이하게 해주었다. 1950년대말, 16밀리미터 소형 카메라의 등장으로 기록 영화 제작 활동에 진보를 가져다 주었고, 누벨바그의 몇몇 시네아스트들에게 영향을 주기도 했지만, 어떤 것이 먼저인지는 알 수가 없다. 1962년에 나온 줌 렌즈가 어떤 때는 새로운 영화 유형의 출현(파솔리니에 의한 시적 정취의 영화)을 조장하는 것으로, 때로는 영화를 상실하는 도구 중 하나로 인식되기도 했다:

줌 렌즈는 하나의 형태가 되어 우리는 그것을 통해서 공간을 파악하게 되었다. 줌 렌즈는 프랭크 백이라는 사람이 TV 스포츠를 촬영하기 위해서 발명했다. 그러나 줌 렌즈를 체계적으로 사용한 최초의 인물은 로셀리니이다. (우연이 아니다.) 줌은 이제 더 이상 접근 기술이 아니며, 적과 부딪치지 않기 위해 움직이는 복서의 훈련과 비교될 수 있다. 이동 촬영이 욕망을 전파했다면, 줌은 극도의 공포심을 확산시킨다. 줌에서 시선으로 볼 수 있는 것은 아무것도 없으며 눈으로 접하는 방식이다. 따라서 형상과 내면 사이에 작용하는 모든 원근화법이 이해되지 않게 된다. (세르주 다네, 《영화 신문》, p.71)

대형 스크린(최초의 시네마스코프 영화인 헨리 코스터의 《튜닉》(1953), 1954년의 비스타비전, 1955년의 토드 AO 70밀리미터)은 후에 영원히 해결되지 않는 결정적인 두 문제를 드러낸다: 바로 확산(영화관과 TV: 요컨대 관객과 작품에 대한 변함없는 무관심)과 아벨 강스가 1927년 3배의 화면이라는 해결책을 내놓으면서 《나폴레옹》에서 명시했던 예술가의 합법적 주장인 다양한 형태의 문제가 그것이다.

1927년 10월 6일 앨런 크로슬런드의 《재즈 싱어》가 뉴욕에서 소개되던 날이 일반적으로 **유성 영화**의 효시로 여겨지고 있다. 그러나 실제로 초기 유성(혹은 음악) 영화는 그보다 훨씬 이전이었다. 미셸 시옹에 따르면 소리 없는 영화란 더 정확하게는 '무성' 영화라고 일컬어져야만 했다. 초기의 관객들은 '생생한 자연의 느낌'('바다와 밀려오는 파도, 바람에 흔들리는 나뭇잎, 날아다니는 곤충 등')과 이 모든 것이 소리 없이 움직인다는 사실에 감탄했었다. 부족함을 채우기 위해 여러 과정이 삽입되었다: 반복적인 방식으로 된 주요 프로그램(주요 프로그램은 "이것이 소리이다"를 의미한다)에서 소리의 원천을 제시하거나 떨리기 시작하는 사물을 보여 주는 것……. 피아니스트나 다른 직원이 상황에 맞는 기계를 사용하여 적절한 음향 효과를 제공해 주기도 했다. 무성의 기교를 소리로 변화시킨 예로는 전화를 들 수 있는데, 전화는 '말하는 사람을 보여 주지 않고 목소리가 들리도록 하기 때문에' 침묵과는 반대되는 것을 표현했다. 시옹은 그리피스의 《외로운 별장》(1909)이라는 영화를 예로 들면서 "전화 그리고 소리와 음성 전파에 접촉하는 모든 것은 무성 영화에서 더 흥미를 느꼈는데, 그 이유는 그것이 촬영에 대한 도전과 같았기 때문이다"라고 말했다.(《영화 속의 목소리》, p.58)

그러나 소리의 부재가 결함으로 여겨지지는 않았다: "무성에서 배우의 음성을 상상하고 듣는 방식과 마찬가지로 (관객은) 소리의 부재에서 영화가 암시할 수 있는 모든 소리를 들었다⋯⋯. 그래서 무성 영화는 감추어진 요란한 소리를 은은하게 들려 주는 것 같았다."(미셸 시옹, 《영화 속의 소리》, p.26-27) 세르주 다네는 빅토르 시외스트룀의 《바람》(1928)이라는 영화로부터 소리에 대한 놀랄 만한 예를 보여 준다:

　이 멋진 영화는 바람 소리가 실성한 릴리안 기시를 회복시키는 방법을 보여 주었다. 영화는 '무성'이었으나 놀라운 힘을 지녔었다. 《바람》을 본 사람은 누구나 청각적 환상이 어떤 것인지를 안다. 그 영화는 전혀 무성이 아니었고, 몸이 영상의 메아리 방이 되었기 때문에 관객의 몸 안에는 오히려 내면에서 생성되는 소란스러운 유성 영화만이 있었다. 예를 들면, 바람의 소리 같은 것들⋯⋯영화가 '적막할' 때면 우리는 미세하고 내적인 온갖 소리들을 자유스럽게 영화에 부여하곤 했다. 영화에서 말이 나오기 시작했을 때, 특히 더빙의 발견 (1935) 이후로 대화와 음악의 폭발을 막을 수 없었다. 희미하고 미세한 소리에는 어떤 기회도 주어지지 않았다. 그것은 집단 말살이었다⋯⋯. 우리는 1930년대・40년대・50년대 영화에서 바람에 대한 특별한 기억을 갖고 있지 않다. 아마도 폭풍우가 훅! 하고 표절 영화 속으로 날려 버렸기 때문일까? 하지만 북풍, 외풍, 흐르는 공기, 모든 바람들이 침묵과 밀접한 것일까? 그렇다면 미풍은? 또한 밤바람은? 그렇지는 않다. 1960년대, 그리고 동시대에 나온 소형 카메라, 새로운 흐름을 기다려야만 했다. (《영화 신문》, p.84-85)

소리의 출현은 '소리 없는' 영화의 장점을 파괴시켰다. (그래서 채플린 같은 시네아스트는 오랫동안 유성 영화를 거부했다.) 고다르는 슈트로하임의 《탐욕》(1924)의 서문을 인용하면서, 그 영화에는 "무엇인가를 하고 있는 어떤 사람을 제시해 주고 다음에 '비슷했던 것들,' 그 다음에 그의 어머니, 세 장면과 '어머니와 비슷했던 것'을 보여 주는 예닐곱 가지 접근 방식 장면이 있다. 그리고 실제로 영화가 거대한 힘을 지녔다가 그렇게 힘을 상실했음을 보여 준다. 그 장면에서 문학과 언어는 어떤 순간에 양립되기도 했다"라고 말한다. (《영화 입문》, p.59) 소리의 출현이 '클래식' 영화라고 불리는 것의 완성을 가속화시켰으며, 새로운 탐험을 가능하게 해줌으로써 영상 시간과 무성 영화의 잃어버린 특징으로 예측된 재발견에 이르게 해준다. 그러나 알랭 마송의 말을 들어보자:

그렇다고 해서 유성 영화로의 접근이 혁명은 아니다. 로베스 피에르적인 관점의 혁명도 아니다. 그것은 내레이션 원리가 무성 영화 기술을 이미 좌지우지하고 있었고, 유성 영화에서도 옛날 영화의 문체적 효과의 장점을 장식이나 예비로 간직해서 가치나 역할의 와해가 전혀 없기 때문이다. 또한 미술레적 의미의 혁명도 아니다. 그 이유는 지연된 약속에 거짓 버전만을 제공해 주었던 과거 맹신에 대한 정신을 역사가 실현시켜 주던 때가 빛나는 순간이 아니었고, 반대로 대화와 음향 효과가 애매한 신앙에서 영화 문화를 해방시키고 '섬광'만이 빈 하늘을 비추고 있으며, 우리가 언어 기능으로 한 스타일을 취했기 때문이다. 물론 마르크스적 혁명도 아니었다. 그것은 단절이 근본적이지 않았으며, 언어에 의한 모방의 지배를 입증하고 예술적 요소에 대한 자본주의적 구조의 지배를 확정하기 때문이다. (《영상과 말》, p.280)

색채 영화의 출현에 대해서도 동일한 생각을 해볼 수 있다.

2. 시작 지점:
이미지에 의한 영상과 현실의 관계

엄밀한 의미에서 영화 이전에, 다시 말하면 스크린과 관객들 이전에 미국에는 독특한 장치를 선보였던 에디슨의 영사기가 있었다. 자크 오몽의 기록을 보자:

> 우리는 에디슨의 영사기에서 무엇을 보았을까? 사실 거의 아무것도 보지 못했고, 하찮은 성과만 겨우 보았을 뿐이다. 애니 오클리가 접시를 총으로 쏘고(그녀는 한두 개를 놓친다), 인디언들이 머리가죽 춤을 추며, 군악대가 둥글게 돌고, 체조 선수가 움직이는 이 모든 것은 극히 적은 분량이었고, 특히 블랙 마리아의 변함없는 어두운 배경 앞에서 이루어졌다. 이 영화들과 장치를 '핍쇼(요지경)'라는 한 단어로 동시에 규정짓는다. 에디슨의 시각은 엿보기 취미에 기초하고 있다. (《한없는 눈》, p.32)

영화에 관한 수량과 어떤 순간의 대립 이전에 뤼미에르 형제와 그들의 촬영기사의 다양한 미학에 대해 언급하고자 한다. 촬영기사의 미(美)가 한 영역에서 시선의 훈련을 가능하게 해준 반면 뤼미에르의 미(美)에서는 시선의 만족을 목표로 제시하고 있다: "어두운 배경 위의 성과에서 입체 지수는 최저이며 촬영된 주체의 지나친 중심 맞추기로 영역의 크기는 여전히 제한된다. 배경에 '도달'함으로써 항상 다시 중심을 잡아 주고 초점을 맞추고 자신의 시선으로 관객을 재확인하는 끊임없는 반복으로 쉬지 않고 인물로 되돌아올 때에야 시선이 공간을 인식하게 된다."(《한없는 눈》, p.33) 선별된 명사들——영화, 동작의 기술 행위, 영사기, 움직이는 광경이나 초기 영사기, 인생에 대한 이미지——은 매우 중요한 의미를 지닌다. 한편으로는 영화, 다른 한편으로는 함축된 연구에 대한 모든 가능성을 지닌 기술(記述) 행위와 '실험실'의 경험에까지 미친다. 영화는 이 두 '전제' 사이에서 선택되었기 때문에 우리는 결코 한 가지만 사용해서는 안 된다. 영화라는 단어는 매우 다양한 현실을 포함하며, 어떤 것은 상반되기도 한다. 따라서 영화의 '기원'은 우리가 영화의 시작에서 보았듯이 현존하는 두 가지 다른 경향을 보여 준다. 한편으로는 이미지에 의한 영상과 동화기술(動化技術)에서 동작과의 연관성이고, 다른 한편으로는 '현실'과의 연관성, 다시 말하면 외형으로 채택된 일상 생활이다.

만화 영화(애니메이션)

에르베 주베르 로랑생은 만화 영화에 대한 자신의 연구(《트라픽》, n° 2)에서, 비디오 영상의 전자 조직에 의한 변화가 고다르에게 분할과 느린 동작을 연구하도록 이끌었으며, 연출자가 느린 동작의 한 유형을 실험했던 "가능한 자를 구하라"의 단락을 언급하면서 영상 영화에 대한 정의, 즉 뤼미에르와 마레 사이의 '결핍'을 동시에 제시하고 있음을 보여 주었다. 만화 영화의 기본 요소인 계산된 단계의 연속이란 영화에서 일반적 용어의 의미로 보면 창조적 순간에서 벗어난 소멸된 과정일 뿐이었다. 모든 만화 영화는 작업과 결과에서 영화 도구의 기원을 이루는 상당히 많은 양의 요소들을 생각나게 한다. (결과적으로 영화 발명 단계에서 '재현'되었다.) 반대로 모든 '일반' 영화가 연속적으로 변형과 변모(예를 들면 1931년 빅터 플레밍의 번역에서 지킬 박사에서 하이드로의 변모나 그 반대로의 변모)를 하려고 할 때면 만화와 이미지로의 영상을 재발견한다.

기록 영화

우리는 기록 영화의 흐름을 뤼미에르 형제의 촬영기사들에 의해 촬영된 '광경'까지 거슬러 올라가서 멜리에스의 영화와 견주어 본다. 영화는 뤼미에르와 멜리에스 사이에서 망설이는 것이 아니라 그 둘 안에 있는 기록과 허구 사이에서, 그리고 생생하게 취해진 현실의 영상과 인위적으로 구성된 영상 사이에서 주저하게 된다. 실제로 멜리에스는 재구성된 기록을 선보였지만 뤼미에르 형제는 세계를 설명함으로써 세계에 대한 현실감을 잃게 했다. 기록 영화의 경향은 선전 영화처럼 정치적 논쟁 영화를 제공해 주었다. 기록 영화에도 '고전'은 있다. 앙투안(《제비와 깨새》, 1920)·로버트 플라어티(《북극의 나누크》, 1922; 《아란의 사나이》, 1934)·로베르트 시오드마크(《일요일의 사람들》, 1929)·존 그리어슨·폴 로사·배질 라이트·알베르토 카발칸티·험프리 제닝스·조르주 루키에가 거기에 해당한다. 소위 말해 '기교파'(윌리엄 클라인)나 '현대파'(로버트 프랑크·요한 반 데르 쾨켄·프레더릭 와이즈먼)들도 있었다. 이러한 현실의 '지표' 영상에 대한 흔적은 초기부터 영화와 함께 했다. 할리우드에서 웨스턴 유형은 줄스 대신의 《벌거벗은 도시》(1948) 같은 영화가 허용했듯이 외부로의 촬영을 가능하게 해주었다. 예술로서의 영화와 관련된 수많은 토론이 이런 측면에 대해 다루어졌다. 또한 여러 변형이 이런 경고에서 비롯되었다. 네오리얼리즘은 기록 영상의 엄숙함을 순화된 허구와 통합시켰다. 한편 진실된 소리가 픽션을 유행시켰다. 제2차 세계대전 후 유럽에서는 '스타일 카메라' 와 세분화에 대한 취향, 무명의 대표적인 예, 스타의 몰락, 생방송 기술에 의한 최고의 감시자 시대가 도래한다.(세르주 다네, 《영화 신문》, p.69) 영국의 자유주의 영화(린지 앤더슨·카렐 라이즈·토니 리처드슨)가 1960년대 영국 영화의 부흥을 이루었다. 캐나다의 다이렉트 영화는 미셸 브로와 피에르 페로에게 영향을 미쳤다. 장 루슈와 사실 영화가 누벨바그의 시네아스트들에게 영향을 미쳤다. 다큐멘터리와 픽션은 1960년대 토론의 대상이었다. 고다르·리베트(《북쪽에 있는 다리》, 1981)·장 외스타슈(《어머니와 창녀》, 1973)의 작품들이 거기서 탄생했다. 즉흥적인 작품, 그리고 인위적인 조명을 최소로 하며 자연스런 장식을 가미한 촬영이 이런 시네아스트들의 다양한 반응이었다. 하지만 하나의 기본적인 원칙이 이런저런 작품이나 이런저런 학파에 남아 있다:

픽션이란 세상 한가운데로 가서 역사를 서술하는 것이다. 다큐멘터리는 세상 끝까지 가서 이야기할 것이 없게 하는 것이다. 그러나 화석이 된 바위에 곤충이 있는 것처럼 증거 자료 속에도 허구는 있으며 카메라(허구보다는 강하지만)도 그 앞에 놓인 모든 것을 찍기 때문에 허구 속에도 증거 자료는 있기 마련이다. (세르주 다네, 《영화 신문》, p.166)

3. 주요 형식

제도적 표현 양식

노엘 뷔르슈는 영화 직업 학교에서 가르치고 어린 시절부터 우리 정신 체계와 결합된, 특히 '영화 용어' 같은 '제도적 표현 양식'이 존재하기 때문에 요즘 제작되는 영화들이 우리에게 즉시 이해된다고 평가한다. 하지만 그것은 오히려 영화의 미개척 시기에 점차 모습을 드러냈던 추상적 모델, 이상적 재구성과 연관되어 있는 것 같다. 대립된 힘의 체계 안에서 추상적 모델이 마침내 주된 형식을 이끌었다. 따라서 영화 역사 전체에 스며들어 있던 주요 형식의 변모에 대한 서술이 비로소 가능해졌다. 어떤 이들은 '고전주의'가 주요 형식이라고 여기지만 고전주의는 여러 형식의 한 시기에 불과하다. 또 다른 이들은 '고전적' 미와 '현대적' 미를 모두 지닌 영화에 대한 포괄적인 역사를 구상했다. (이 둘 사이에 '바로크'와 '매너리즘'의 범주를 넣을 수도 있다.) 우리는 제도적 표현 양식(혹은 주요 형식)을 20세기에 스며 있는 흐름의 일종으로 살펴보겠지만, 그 양식이 지닌 것보다 더 많은 중요성을 거기에 부여하는 것은 잘못이다. 여러 작품들은 아무 유형도 드러내지 않을 때에야 비로소 진정한 관심을 끌게 되었다. 더구나 진보와 연표를 이끄는 이 '흐름'은 영화 역사가 우리 관점으로는 진보적이지도 연대기적이지도 않다는 것을 잊지 않도록 해준다. 반대로 영화 역사는 시간과 때로는 같은 작품이나 동작 영상과 다양한 시간 영상을 다룬 동일한 영화에서 흐름을 따라감으로써 그 특징을 드러낸다. 그래서 영화란 기본적으로 혼합된 다른 모든 예술보다 더 혼탁하다. 유세프 이샤푸르는 "영화는 원시적인 동시에 현대적인 예술로 탄생하여 뒤늦게 고전적인 시기에 이르는 특성을 지니고 있었다"라고 서술하고 있으며(《한 영상에서 또 다른 영상으로》, p.32), '현대적'이란 '공존·혼합·모순 및 다양한 전통과 여러 프로젝트의 총체'라고 정의하고 있다.

뤼미에르 형제의 영화들(예를 들면 1894년 《뤼미에르 공장의 출구》)은 대략 1분 가량 친근한 장면이나, 리옹이나 프랑스의 다른 지역에서의 일상 생활을 보여 준다. 그후에 뤼미에르의 카메라맨들(펠릭스 므기슈·외젠 프로미오·프랑시스 두블리에·마리우스 샤피 등)은 자신들이 추구하는 영상을 찾아 좀더 이국적인 장소를 향해 갔다. 이처럼 풍경에 대한 놀랄 만한 성공은 10년 동안 지속되었다. 각처에서 모든 사람들이 이런 풍경을 모방하였다. 그 한 예로 미국에서는 오랫동안 풍경(scenics: 여행 경치, 소식)[26]에 관한 영화들이 상영되었다. 처음 뤼미에르 형제의 영상 배치 선택은 아마도 우편 엽서의 관습에서 비롯된 듯하다. 그것은 공간을 한 방향(《시오타 역에 도착한 기차》에서 볼 수 있듯이 광범위한 영역의 입체감)으로 나타낸 것으로 에피날 영상의 영향, 염색 렌즈의 영향이 나타난 초기의 다른 영화에서는 발견되지 않는다. 반면 정면 촬영과 탈선형적이며 탈중심적인 주제에는 변함이 없었다. 이런 영상 안에는 여러 사건들이 만연했기 때문에 영상 통합에서 사건을 마무리하려면 다양한 시각이 필요했다. 그래서 노엘 뷔르슈는 이런 풍경을 현미경 밑에 있는 미세포들에 비교하였다.

에디슨은 산업화를 향해 나아가는 실험에 전념했다. W. L. 딕슨과 함께 연구하던 '블랙 마리아'라는 장소가 어떤 면에서는 최초의 영화 스튜디오라고 할 수 있다. 또한 그의 실험은 무성 영화 말기부터 지배적이었던 내레티브 영화의 무대 장식 쪽으로 기울어졌다. 무대 장식은 주로 검은 배경에서 얻은 중심 잡기, 부르주아 연극에서 인용한 초상학, 소리를 향한 시도들(같은 시기의 최초 영화가 1913년에 등장했다. 그러나 프랑스에서 알리스 기는 1900-7년 사이에 말하고 노래하는 주제를 1백 개 이상 실현시켰다)이었다. 그러나 그것은 실패로 돌아갔고, 뤼미에르의 풍경의 성공이 딕슨을 블랙 마리아에서 탈피하도록 했다. 이 실패는 얼마 후(1908-10) 프랑스에 있던 가장 유명한 전형들 중 하나인 예술 영화의 실패와 비교될 만했다. 연출가부문에서는 파테를 위해 일하던 알베르 카펠라니(《93》, 1914)를 들수 있고, 작품에 있어서는 앙드레 칼메트와 샤를 르 바르지의 《기즈 공작의 암살》(1908)을 들 수 있다. 이 작품은 유명한 작품이나 대중 작품에서 주제를 취했고 지명도가 높은 배우들이 채용되었다. 1904-11년 사이 미국에서는 헤일스 투어 영화관 외부가 기차로 장식되어 들어오는 관객의 상황, 그들의 공간 투입, 그에 따른 필연적 결과, 즉 선형성(線形性)[27]과 중심점이 예견되었다.

'원시적' 영화

선형성의 기본 형태들은 추적 영화, 예수의 열정을 표현한 생생한 그림과 복싱 경기에 존재한다. 그러나 전체적으로 볼 때, 원시적 영화는 내레이션에 주초점을 맞추고 있지는 않다. 그 영화들은 관객이 추측하는 지식에 근거하거나(《톰 아저씨의 오두막》처럼 유명한 작품을 채택했을 때), 필요한 정보를 가져다 주려고 노력하는 해설자에 의존한다. 이런 실행 방법이 서양에서는 1897-1910년경까지 만연했던 반면 일본에서는 배우보다 변사의 지명도가 때로는 더 높았기 때문에 1945년경까지 연장되었다. 우리는 초기 영화를 관람하는 방법뿐 아니라 영화가 관찰된 방법을 몰랐기 때문에 그것을 생소하게 여겼다. 우리는 우리가 아는 범위에서 그 영화를 판단했다. 그 결과 우리는 영화를 어설프다거나 미숙한 것으로 판단하기도 했고, 그 영화들이 풍부한 발명과 오래 전부터 잃고 있던 자유를 보여 준다고 여기기도 했다. 곧 이어 내레이션 형식이 영화 제작의 주요 부분이 되자 사람들은 앞으로 다가올 내레이션의 발단을 영화에서 발견하려고 애썼다. 하지만 영화 역사는 눈으로 보는 역사이며 끊임없이 반복되는 발견의 역사였다.

국제적 스타일이 존재했던 시기는 분명 가장 초기이며, 미셸 푸코가 말한 영상에 대한 새로운 열광의 시기가 연장되어 그 주제가 누구에게도 속하지 않던 때였다. 뤼미에르 형제도 동일한 주제로 여러 번 영화를 찍었다. 《기즈 공작의 암살》도 세 개의 버전이 있으며, 목록을 보면 제목이 상당히 비슷한 영화들이 있음을 알 수 있다. 조르주 멜리에스는 표절을 확실히 당한 초기 인물 가운데 한 사람이다. 스타 필름을 위해 제작한 그의 작품(가장 유명한 영화인 1902년의 《달세계 여행》과 1912년의 《극단의 정복》)을 보면 멜리에스가 트릭 기술과 작업 기술을 스튜디오(몽트뢰유의 스튜디오)에서 개발했음을 알 수 있다. 무성 영화의 국제적인 주요 내레티브 형태는 '원시' 영화 시기 말부터 모습을 드러냈다. 그것은 에피소드가 있는 영화 형태로서 루이 푀야드(《유령》, 1913; 《흡혈귀》, 1915; 《쥐덱스》, 1916; 《티맹》, 1918) · 프리츠 랑(《거미》, 1919-20; 《도박사 마부제 박사》, 1922; 《스파이》, 1928)과 미국(루이 가니에의 《뉴욕의 신비》 · 《폴린의 위기》, 1914)에서 볼 수 있다. 이런 형태는 무성 영화가 19세기의 연장이었음을 증명해 준다.

주제의 순환은 영화 기술의 흐름과 일치한다. 프랑스 · 영국 · 미국 · 덴마크 · 이탈리아가 차례로 선두를 장악했다.

프랑스에서는 코믹한 주제를 발전시킨 반면(오네심 · 리가댕 · 부아로 같은 배우와 함께), 영국 영화는 몇몇 개그 형태로 영화 표현 양식의 극단적 상황을 제시했다. 제임스 윌리엄슨의 《거대한 제비》(1901)에서는 한 사람이 카메라로 가까이 다가와 입을 벌리고 기계와 기계를 다루는 사람을 '삼켜' 버리고 나서 만족한 표정을 지으며 나간다. 세실 헵워스의 《차에 치이는 것은 어떤 느낌일까》(1900)에서 자동차가 카메라를 향해 곧바로 돌진하여 영역을 막아 버린다. 이 순간 알 수 없는 표적이 뒤따라 나온다. 원시 영화의 동작에서 영상은 최대 근접(카메라를 삼키려고 크게 벌린 입)과 원거리 촬영 사이에서 변화가 조절되고 몽타주, 즉 조직되고 주의를 기울인 연결로 편입되는 순간부터 동작 영상이 된다.

D. W. 그리피스

미국에서 영화는 1910년 이전 동부에서 서부로 향한 이주 때부터 할리우드가 장악했다. D. W. 그리피스는 에드윈 S. 포터나 다른 사람들과 더불어 움직이는 영상으로 한 걸음씩 나아갔다. 1908-13년 사이에 그는 전기 작가를 위해 몇 편의 영화를 찍으면서 공간에 대한 고전적 표현 방식을 이끄는 화풍(《The Lonedale Operator》(1911)를 거쳐 《돌리의 모험》(1908)에서 《베툴리아의 유딧》(1913)까지)을 세웠다.

그리피스는 영화로 나타나는 공간이 표출되도록 했으며, 동시에 스크린에 관한 대중의 시각을 카메라로 조절하지 않고 영화관의 조건을 근본적으로 변형시켰다. 스크린은 연극 무대나 음악당, 혹은 인형 극장과 비슷하지 않았기 때문에 영화는 다양한 시점과 폭넓은 장면에서 탄생했다. 장면들은 그리피스적 몽타주의 결과, 즉 시각, 영화적 영역, 신체 속에 다양성을 도입한 결과이며 화풍 체계, 기호 배열

과 감각의 차별적 표시이다. (보니처, 《맹목적인 영역》, p.25-26)

결과적으로 그리피스는 몽타주의 제작품인 서스펜스의 창시자가 되었다.

아마도 그것이 몽타주의 직접적인 원인 중 하나였을 것이다. 여러 추적 장면의 몽타주는 야심적인 프레스코화(《편협》·《국가의 탄생》)와 코미디와 멜로드라마(예를 들면 《소더스트의 샐리》)에서도 찾아볼 수 있다. 추적 장면의 몽타주는 서로 비슷하지만 감정이 드러나도록 하기 위해 장면의 크기를 경우에 따라 다양하게 하면서 추적자와 도망자의 영상을 번갈아 보여 주거나, 《편협》에서처럼 행위의 순수한 병행 기법으로 그들의 다양성을 서로 강화시키기도 한다. (위의 책, p.45)

따라서 그리피스는 몽타주 '크기'로 장면을 혼합하고 서로 다른 두 사건을 병행하여 보여 주는 기법, 플래시백,[28] 대형 장면을 사용하여 행위 영상의 준비 작업을 했다. 행위 영상이란 (관객이) 감각 운동 영상으로 등장 인물과 동일시됨으로써 알게 모르게 그 영상에 참여하곤 하는 것이다.(질 들뢰즈, 《영상-시간》, p.9) 《국가의 탄생》 (1915)과 《편협》(1916)이라는 2편의 장편 영화는 그가 전기 작가로서 단편 영화에서 실행했던 여정의 도달점이었다. 미국 영화는 유난히 그리피스적인 기준의 두 도표, 즉 이원적 도표로부터 발전되고 있으며, 고다르가 즐겨 인용하는 '총과 소녀'라는 거장의 형식에 따라 전개된다.

그리피스는 1915년에 토머스 하퍼 인스와 맥 세넷을 공동 경영자로 하여 삼각 경영을 설립했다. 세실 B. 데밀과 이 세 사람들은 행위 영상에 기초한 내레이션 방식을 자리잡도록 하는 데 기여했다.

그리피스는 멜로드라마를, 맥 세넷은 익살스러운 코미디물(치고 받는 희극)을, 데밀은 세속적인 코미디물을, 인스는 성서적 초대작에 앞서 모험 영화를 맡았다. 차세대 인물들(라울 월시·킹 비더·존 포드 등)은 확보된 것을 활용하였고, 이런 영화를 완성시킨 유성 영화가 오기를 기대하면서 1925-26년경에 할리우드에 나타날 형식을 활발히 준비했다. 그들은 자신들의 조국에서 얻은 재능과 경험을 지니고 건너온 외국인들(제1 흐름: 에리히 폰 슈트로하임·에른스트 루비치·렉스 잉그럼·모리스 투르뇌르; 제2 흐름: 무르나우·빅토르 시외스트룀·카를 프로인트 등)의 업적의 도움을 상당히 받았다. 그 예로는 무르나우의 강력한 영적 몽타주와 빛과 그림자의 모험(《일출》, 1927), 슈트로하임의 충동 영상(《탐욕》, 1924; 《여왕 켈리》, 1928)을 들 수 있다. 할리우드는 마치 '멜팅폿(melting pot)'처럼 작용하며 단일 형식을 출현시켰다. 이것을 위해 윌 헤이스같이 올바르게 인도할 세심한 안내자들과 어빙 탈버그(고다르는 탈버그가 하루에 50편의 영화를 생각해 낼 수 있었다는 것에 감탄했다)처럼 훌륭한 형식을 만들 제작자가 필요했다.

할리우드적 고전주의

사실 '할리우드적 고전주의'의 주요 시기는 그리 오래 지속되지 않았다.(대략 1925년부터 1955년까지) 이 시기 전후 10년 동안의 할리우드를 무시할 수는 없지만 그 당시 유럽과 아시아(1950년 구로사와 아키라의 《라쇼몬》 이후)의 시네아스트들이 중요한 위치를 차지했다. 무성의 행위 영상에서 유성의 영상으로의 변화는 서부 영화 같은 장르에서 본보기가 되었다. 1920년대 서부 영화들은 리듬, 동작의 소란스러움, 공간에서 비추어진 육체로서의 배우를 내세웠다.

또 한편으로 순수한 행위 연기의 특징은 이런 영화들이 풍자극과 밀접했음을 보여 준다. 배우 톰 믹스는 순전히 비인간적인 방식으로 유혹을 드러내는 데 전념했으나, 윌리엄 하트는 역사적이기보다는 고고학적인 진실을 드러내는 듯한 등장 인물들을 구체적으로 보여 주었다. 그에 반해 우리가 '리얼리스트'라고 하는 영화의 형식(존 포드와 함께 많은 작업을 한 배우 해리 케리의 영화)은 인간적 관심에 역점을 둠으로써 인간적 범위 밖에서 이루어진 성공에 감탄하기보다는 심리적 깊이와 희생자와 동일시하는 점을 강조하였다. 서술적 논리와 이야기의 선형성은 심리적으로 진실인 듯한 것과 결합되었다. 더구나 이런 작품들은 인류가 역사의 주체이며 우리가 그 작품에서 역사에 대해 함축되어 있는 서술을 발견할 수 있다는 이중적 의미에서 '역사적'이라고 일컬어질 수 있었다. 특히 제임스 크루즈의 《서부로 가는 마차》(1923) 같은 서사적 이야기에서 이런 점이 분명하게 드러났고, 여기에서 역사는 다이내믹한 힘으로 인식되었다. 국가의 설립이나 한 사람의 생애가 지배적인 시기였기 때문에 선형성과 순환적 형태가 서로 혼합되어 혈통에 대한 생각을 분명히 해주는 서술의 필요성을 이끌어 냈다. 역사의 개입은 보다 많은 심리적인 진실과 '고전적' 이야기의 형식 쪽으로 변화를 확고히 해주었다. 이런 이야기 형식을 이루기 위해 대화체가 자연스럽게 삽입되었고, 1925년 이후에는 이런 경향이 돌이킬 수 없게 되었다. 이런 사실은 무성 영화에서 유성으로의 변화가 풍자극에서는 성공하지 못했으나 서부 영화 같은 한 장르에서 성공을 거둔 이유를 잘 대변해 주고 있다.

'할리우드적 고전주의'는 여러 아방가르드의 보조(유세프 이샤푸르)와 엄격한 산업 조직과 외국 탤런트들의 끝없는 공헌의 도움으로 가능했다. 장르의 분류(서부 영화·폴리스 영화·환상물·역사물·

고대 사극 영화·코미디 뮤지컬·멜로드라마·갱스터 영화·경찰관과 스파이 영화(허세 부리는 사람을 다룬 영화)·공상 과학 영화·인물전· 스크루볼 코미디)가 체제의 일부를 이루었다. 이런 '장르'는 문학의 영역에서 일컫는 것과 상당히 다르며, 오히려 하나의 동일한 주된 형식의 다양한 표현(불확실한 경계: 서로간에 공통점과 반복이 빈번 하다)이라고 할 수 있다. 이런 형식이 번안되고 개작되고 변형되면 장르의 체제 자체도 사라지지만 수정을 하면 그렇지 않았기 때문에 서부 영화·환상 영화·고대 사극 영화들은 치네치타에서 상영되었 으나(세르지오 레오네·마리오 바바·비토리오 코타파비·리카르도 프레다 등) 코미디 뮤지컬은 그렇지 못했다. (일본 영화는 특별한 장 르(야쿠자, 자토이시, 니카츠의 포르노 소설 등)를 소유하고 있다.) 또한 시리즈별 분류도 뛰어난 경우에는 결핍된 곳에서 창의적인 예술을 도모해 주는 체제의 특성이 되었다. B급 시리즈물의 검토는 다음과 같은 것을 보여 준다:

사람들이 얼마나 진지하게 싼 영화를 만들었는지, 그리고 그들이 창의력과 간결함에서 엄격한 것과 하찮은 것의 엉뚱한 혼합으로 얼 마나 자주 강요를 당했는지를 보여 준다. 대형 스튜디오의 B 부서와 소형 회사들은 발빠른 회사들보다 더 신속하게 덤핑 가격보다 더 싸 게 생산하기 위해 그 틈새를 이용했다. 우리는 대형 회사처럼 구조 화된 리퍼블릭(1935), 모노그램(1930), 기상천외한 PRC(1939)라는 이 세 회사처럼 가장 작은 회사들을 '퍼버티 로(poverty row)'라 부르고 있다. 바로 거기에 영화 한계-상태의 도달점이 있다……. 서부 영화 에서 즉흥적 재치의 대용물인 한 짐승에게 좋고 나쁜 일이 계속되는 것을 '말 한 마리를 타고'라 하며, 빠른 제작에서는 배경 장식을 제 거하기 전 몇 시간 동안 그 장식을 불법적으로 점거하여 사용하고 배우(오랫동안 고생한 웨인처럼)는 등장하지도 않는다. 진 오트리와 로이 로저스처럼 노래하는 서민적인 농부, 주인에게 강요당한 베라 랠스턴이 불쾌해 하면서 애무하는 코미디, 트루컬러(Trucolor)에서 만든 영화, 동시에 상영된 장면(다른 세 각도로), 3시간이 필요한 무대 장식을 20분 만에 빛내 준 걸작, 기적적 성공(울머의 영화)과 몰상식하게 날림으로 하는 일 등. (세르주 다네, 〈B시리즈의 b.a.-ba〉, 《리베라시옹》, 1983년 8월 13-15일, p.21)

따라서 할리우드에는 거장과 한 단계 낮은 명인이 있다. 포드·캐프라·호크스·히치콕이 거장에 속하는 반면 에드거 울머·잭 아널드·버드 보에티처·존 스탈·존 브람은 장인적 재능(다소 발전된 수준에서)을 소유하고 있다. 자크 투르뇌르·더글러스 서크·레오 매케리·프레스턴 스터지스·조지 쿠커·앤소니 맨·프랭크 보제이지·버스비 버클리·라울 월시는 각자의 취향에 따라 이런저런 성향을 드러낸다.

할리우드에서 표현의 주요 형식에 대해 가장 알려진 정의는 해설자마다 다르다. 에릭 로메르의 계보에 있는 몇몇 사람들은 영화란 연출가가 관심을 쏟고 있는 사상 안에서 세상을 최대한 질서정연하게 나타내면서 세상과 겨루지 않고 그 속에 흡수되는 것이라 정의한다. 다른 이들은 카메라에 의해 표현된 기량, 연민과 무관심에 헌신된 기량, 현혹에 물들지 않는 기량이 영화의 특성이라 생각한다. 또 다른 사람들은 영화에 있어서 공간——물론 세계 그 자체를 위해 가치 있는 개념——안에 있는 깊이와 이런 깊이에서 극복되어야 하는 장애물들을 분류하도록 구성된 장면을 꼽는다. '고전' 영화란 '스크린 이미지 프로세스'(유사한 실제 내용물의 투영)라 불리기도 하는데, 배우의 성향(여배우의 '글래머함의 조명')과 극작법(긴장과 이완의 장면에 대한 차별화된 분배)과 사건들간에 세워진 원인에서 결과로의 선형성과 관계 ── 들뢰즈는 '영상-운동'이라고 부른다 ── 로 특징지어지는 내레티브 영화의 형태이다. 그 영화는 몇 가지 '유형적' 규칙(영역의 출입, 30° 등)을 지니고 있다. 장 클로드 비에트의 말을 들어보자:

'데쿠파주'(그리고 '몽타주' : 이것은 주로 시나리오 각 장면의 연장으로서 시나리오에 의해 이미 글로 정해져 있다)에 따른 시간과 공간의 복원에서 무대 장식·의상(장르의 필요성에 기인한 경우를 제외한 일반적인 경우)의 복구 작업을 언급하고 있다. 가장 가까이 인물에 접근하거나 배우를 돋보이게 하거나 무대 배경에서 한부분, 즉 신체의 특정 부위를 독립적으로 다루는 것이 가능하기 때문에 각 장면이 신체 세분화 가능성을 내포하고 있다. (《작가의 시》, p.76)

영화의 이런 형식은 등장 인물의 성격을 잘 드러낸 표정 때문에 드라마 속으로 빠져든 관객에게 주어진 위치로 정해진다. 이 형식과 더불어 "기쁨이 환상에 대한 승리와 깊이 연관되어 있다: 등장 인물-배우-신체-음성이 혼합된 영화. 혼동의 충만함 속에서. 이런 충만함에서 복귀할 때. 기쁨, 그것은 에롤 플린이나 록 허드슨이 라울 월시의 영화에서 하는 말을 빌리자면, 자신의 운명을 향해 전력 질주하는 것이다. 심리주의와 인본주의는 동일한 투쟁이다."(《조명 장치》, p.69) 유명한 '고전주의' 시네아스트들은 할리우드 출신이든 아니든간에 관습에 복종하기 때문이 아니라 그런 주의에 동화되면서 자신들의 결점을 이용하였고, 일탈 체계를 구성함으로써 고전주의를 나타냈다. 이런 연출가들 가운데 몇 사람(전부는 아니다)이 기관 영화(집행 기구를 언급한다는 의미로)를 만들었는데, 미국에서는 윌리엄 와일러(《우리 생애 최고의 해》, 1946) · 헨리 킹(《베르나데트의 노래》, 1943) · 조지 스티븐스(《젊은이의 양지》, 1951)를 들 수 있다. 그들은 고전주의를 아카데미즘으로 변형시켰다. 그러나 아카데미즘은 고전주의의 빙하기라 할 수 있다.

주요 형식은 뛰어난 기술자들(촬영기사 · 무대장식가 · 음악가 · 시나리오 작가 · 의상 담당)에게 의존하였기 때문에 그 형식을 이용할 때마다 다양한 방향으로 분출되었다. 그 이유는 그 형식이 때로는 스튜디오, 혹은 연출가나 기술자, 어떤 때는 장르와 결부되어야만 했기 때문이다. 한 예로 어떤 인물을 돋보이게 하려면 일반적으로 위에서 인물을 향하도록 하는 주광(key light; 강하고 직접적인 조명이기 때문에 윤곽이 확연한 그림자를 만든다)과 그림자를 약화시키기 위해 카메라 근처에서 희미하고 간접적인 부드러운 보조광(fill light)과 광도를 첨가하고 어두운 부분에서 등장 인물을 분리시키도록 위에서 배우를 향해 비추는 후면 조명(backlight)을 사용한다. 1940년대 초기에 지배적인 기술은 '명조광(high-key lighting)'[29]으로서 주광-보조광 관계가 미약했으며, 보조광의 강도가 주광으로 생긴 그림자를 완화시키기 위해 절대적으로 중요했다. 그렇게 해서 우리에게 현실의 느낌을 줄 수 있었고 인위적이거나 강조된 그림자의 부분 없이 형성된 모습을 연출했다. 그러나 흑백 영화의 조명 방식은 '암조광(low-key lighting)'[30]이었는데, 흑백 영화에서는 주광-보조광의 관계가 중요했으며 그것이 주요 대비 영역과 강한 그림자의 영역을 만들어 냈다. 하지만 조명의 주요 원천이 주로 플로어 표면 가까이 있어서 그림자를 늘려 주는 역할을 했다. 암조(low key)는 명암을 대비시켰으며 모습이나 내부 장식, 주위 배경은 어두움에 잠기게 했다. 야간 장면은 데이 포 나이트(day-for-night; 채식 필터——유명한 '미국의 밤'으로 한낮에 촬영하는 것)로 촬영하지 않고 나이트 포 나이트(night-for-night; 인공적인 광원을 이용하여 밤에 촬영하는 것)로 진행되었다. 그 제작 효과는 큰 대조를 나타냈다. 데이 포 나이트 촬영으로 얻어진 회색과는 대조를 이루는 완전히 검은 하늘을 보여 주었다. 흑백 영화는 매너리즘 형식을 이미 취하고 있었다. 예를 들어 '색채를 엑스트라로 다룰 수 있던 키치 스타일(저급한)의 탐미주의자'인 세실 B. 데밀에게서 색의 사용은 이런 매너리즘에 가까웠다.(세르주 다네, 《재연》, p.100)

장 클로드 비에트는 프리츠 랑의 《벵골 호랑이》(1959)를 이렇게 쓰고 있다:

　모든 영화 시기의 호화로운 종말을 본다. 그것은 1930년대 초 유성 영화로 할리우드에서 자세히 설명된 공용어의 마지막 지점이다. 거의 10년 동안 발전 수단으로 제공되던 언어는 중요한 사회적 허구이든지 영화 장르의 구성 모델이든, 혹은 삽화가 있는 훌륭한 소설(조지 쿠커, 《데이비드 커퍼필드》, 1935; 헨리 해타웨이, 《피터 이베트슨》, 1935; 빅터 플레밍, 《바람과 함께 사라지다》, 1939)이었다. 1940년대 중반——미국이 전쟁에 참가함으로써 군사 영화를 만든 이후——에 갑자기 공용어가 그 자체로 세련되게 사용되어 더욱 추상적인 서술을 지향하기에 이른다. 우리는 내레이션에서 정보가 급격히 저조해짐을 보았고(신문과 특히 TV가 이런 정보를 제공하기 시작하였고, 영화는 그후로 이것을 필요로 하지 않았다), 더욱이 영화마다 배경과 조명을 장면과 연관시키는 방법을 깨닫게 되어 1930년대에 훌륭한 무대 장식에서 주로 긴 독백으로 대사를 했던 배우의 연극적 성격이 현격히 줄어드는 것이 발견된다. 그러자 사람들이 줄거리를 엄격히 다루며 포기했던 것을 그동안 쌓인 여러 재료를 이용하여 간결한 운율로 얻어내기도 했다. 여러 요소의 양적 축소와 1930년대 대형 무대 장식에 비해 감소한 시청각 공간, 간소해진 과장과 좀더 부드러운 음악의 사용으로 할리우드 영화 전체에 스타일의 변형을 가져다 주었다. 호크스의 《바보 같은 사업》이나 《더 빅 스카이》, 또는 랑의 《밤의 대결》이 1951년경에 자리를 잡으며 오늘날 주어진 이야기의 엄격한 규제에서 뿐 아니라 영화의 모든 구성 요소에서 추상 기법의 가장 훌륭한 원형이 되었다. (《작가의 시》, p.117)

자크 투르뇌르(《암코양이》, 1942; 《베를린 익스프레스》, 1948; 《금지된 장난》, 1955)는 체제에 순종함으로써 제한된 열악함의 상황과 반대로 고생스럽지만 체제를 변화시키는 경우를 대변했다.

투르뇌르가 자신의 영화 속에 있는 어떤 요소도 다른 요소에서 취하지 않았다는 점에서 미국 영화를 통틀어 투르뇌르만이(니콜라스 레이보다 더 근본적으로) 영화와 연관된 구조에서 완전한 동화를 표현한 유일한 인물이었다. 자크 투르뇌르의 영화에서 각 요소는 영화가 형성하고 있는 총체 속으로 스며들어 영화의 위치를 분명히 표현하고 있다. 그래서 등장 인물들도 익명으로 처리되며 자신들이 중계자라는 것을 깨닫게 된다. 이렇게 함으로써 미장센이 느껴지도록 활용된다. 미장센은 할리우드적인 무대 장치에 명백하고 적합한 의미를 분명히 담고 있는 허구적 장치를 겹쳐놓는다. 투르뇌르의 모든 미국적 작품에서는 1940년과, 프리츠 랑의 미국에서의 출발과, 호크스에게 있어서 《리오 브라보》 이후 색조의 근원적인 변화의 시기와 일치하는 영화의 쇠퇴기인 1957년경에 나타난 할리우드 영화에 대한 강한 거부를 은근하게 보여 준다. (장 클로드 비에트, 《작가의 시》, p.33)

할리우드 영화에서 자크 투르뇌르의 작품(때로는 발 루턴과 연합

하여)은 찰스 로턴의 《사냥꾼의 밤》(1956)이나 앨버트 레빈의 여러
영화(《도리언 그레이의 초상》, 1945; 《판도라》, 1951)를 따름으로써 흑
진주처럼 빛나기도 했다.

매너리즘(기교주의)

'매너리즘'이라는 단어는 두 가지 측면을 지니고 있다: 하나는
찬사를 보내는 면(섬세함)이고, 다른 하나는 비방적인 면(가식, 자연
스러움의 결여)이다. 매너리즘은 우리가 기존 형태에 지나치게 신경
을 쓰기 시작하면서부터 생겨났다. 오손 웰스가 《시민 케인》(1941)
에서 체제를 급격히 변화시킴으로써 새로운 길을 열었다. 웰스는
'매너리스트(기교파)'는 아니었다. '매너리즘'도 체제의 전복은 아
니었다. 매너리즘은 강제적으로 혹은 힘들게 행해질 수 있었으며
미장센, 배우의 연기(액터스 스튜디오의 훈련처럼), 음악의 사용, 색
감과 조명 작업 등에 영향을 미칠 수 있었다. 그 예로 오토 프레밍
거의 《라우라》(1944)와 더불어 "우리도 매너리즘의 탄생에 직접적
으로 참가했다." 이 경우 그것은 '외형을 보충하는 기량,' '견본을
실행하는' 기교(매너리스트적 작업은 현실에서 뿐 아니라 영화 자체
에서도 취한다), 그리고 배우의 연기 스타일 또한,

1950년대 미국의 모든 대작이 신비롭고 완고한 그녀의 연기 덕택
이라고는 결코 말하지 않는 다나 앤드루스의 연기 스타일을 의미한
다……. 진 티어니와 다나 앤드루스는 탁월하기는 하지만 신경증적
인 미국 영화에서 한순간도 분리될 수 없었던 특별한 배우들이었다.
그들은 영화광들에게만 알려져 있었고, 그들의 공통적인 주요 특징
은 무감각한 불감증이었다. 스타들을 '중복'적으로 이용하는 방식이

그 시대 미국 영화의 힘이었다. (세르주 다네, 《재연》, p.82, 229)

1940년대에 할리우드에서는 로버트 몽고메리의 《호수의 여인》 (1947)처럼 주관적 카메라의 체계적 이용으로 잘 알려진 영화(해설자가 주요 등장 인물이고 관객은 거울이 있는 특별한 경우를 제외하고는 등장 인물을 전혀 볼 수 없다)나 히치콕의 《코드》(1948)처럼 하나의 연속된 긴 영상(실제로는 8장면)으로 잘 다듬어진 영화, 또는 신도 가네토의 《섬》(1960)을 앞지르며 대사 한 마디 없는 러셀 루스의 《도둑》(1952)처럼 실험적 시도들도 있었다. 그러나 우리는 오버랩이 화면 작업으로 뒤틀어지고 일그러진 현상 쪽으로 일탈할 수도 있다는 것을 알게 되었다.

1950년대에는 여러 형태의 매너리즘이 등장했다. 비평가는 서정성과 형식주의에 대해 언급했다. 더글러스 서크(《바람 위에 쓰다》, 1957) · 로버트 올드리치(《4단으로》, 1955) · 새뮤얼 풀러(《공포의 낭하》, 1964) · 돈 시겔(《살인자들》, 1964) · 엘리아 카잔(《야생화》, 1960) · 버드 보에티처(《제거되어야 할 7인》, 1956)와 니콜라스 레이(《함정》, 1958)가 그런 형식을 드러낸다. 앤소니 맨은 '고전적' 연출가의 경우이지만(《계략》, 1953) '매너리스트'가 되었고(《서부의 사나이》, 1958), 텍스 에이버리도 디즈니에서는 상대적으로 매너리스트로 간주되었다. 이러한 변화에서 한 장르, 특히 뮤지컬 코미디가 중요한 역할을 했는데, 빈센트 미넬리(《모두 무대로》, 1953)와 스탠리 도넌(《사랑은 빗물을 타고》, 1952)은 가장 잘 알려진 대표적 인물이다. 그 이유는 뮤지컬 코미디가 가장 극단적인 양식에 적합한 영역에 있고 색채와 음향에 대한 특별한 작업을 특징으로 지녔기 때문이다. 유럽 시네아스트들은 뮤지컬 코미디에서 음악적 시도의 특수성을 높이 샀다. 미국에서 가장 현대적인 연구와 밀접하게 연관되어 있는 제리 루이스의 작품은 부분적으로 뮤지컬 코미디 교본에서 유래된 것이었다.

1960년대 미국 연출가들이 고전주의뿐 아니라 매너리즘에 대해 생각하고 있을 때 유럽과 일본 영화도 대서양을 건너 상연되기 시작했다.(아서 펜, 《사랑은 기적과 함께》, 1962; TV에서 영화로 상연된 최초의 영화 가운데 한 작품. 샘 페킨파, 《대평원》, 1962) 미국 영화는 몇십 년 동안 끊임없이 영화와 영화의 지난날로 되돌아가 서로 회고하고 활성화시키는 작업을 멈추지 않았다. 안드레이 콘찰로프스키는 1989년에 "할리우드 영화는 더 이상 살아 있지 않다. 그 영화는 이제 실생활과 비슷하지 않다. 그것은 참고 자료이며 인용문에 지나지 않으며 리메이크일 뿐이다. 나는 이런 영화의 일원이 아니다"라고 선언했다.

공용어

세르주 다네는 TV와 '새로운' 영상의 출현이 영화의 개발에 진정한 영향을 주었다고 보고 있다. 특히 거리의 인식(등장 인물들 사이에, 그들과 카메라 사이에, 카메라와 우리 사이에), 영역 밖의 예술('배경 테두리를 에로틱하게 하기, 성감대로 여겨지는 배경, 영역의 등장과 퇴장의 모든 연기, 영상 철퇴, 보이는 것과 상상했던 것과의 연관성'), 그리고 몽타주와 데쿠파주[31]('장면 연결 기교와 기술, 비정상적인 장면 연결을 개발하는 모든 방식, 부자연스러운 장면 연결의 위반')를 들 수 있다.

특히 텔레비전은 일련의 프로그램 편성 장치보다 형식적이지 않아서 내부로부터 영화를 점령해 갔다. 관객의 시선은 텔레비전 풍경의 특성과 특별한 스포츠 광고, 영상 효용용 비디오 필름(매우 간

단한 형태로 강렬한 순간만을 담을 수 있다)과 텔레 필름이 지닌 절충적 범주에 익숙해졌다. 사람들은 영화에서 보편적인 표현 방식을 보려 했지만 그 반대로 각 국가의 언어(또는 여러 언어들)가 창조적 과정(무성 영화 시대도 포함하여)을 은밀하게 보여 주었다. 따라서 '언어'와 국가적 영역이 중요시되었다. 보편적 영화는 여러 해설 규칙과 행위, 모든 사람이 즉시 이해할 수 있는 표정 연기의 축소로 초래되는 놀라운 효과에 의존해야 했다. 따라서 보편화는 그만큼 큰 대가, 즉 가장 중요한 미적 퇴화의 대가를 지불해야 했다.

그래서 새로운 공용어가 형성되었다.

국제적 영화 언어는 할리우드의 현대성과 신세대 유럽인들의 현대성간의 미적 혼합에서 비롯된다. 미국 텔레비전 영화의 효과와 유럽의 시청각 자료(로셀리니가 그 자료의 불행한 선구자였다)의 안일한 실용주의와 상업(팝)과 영상(클립)의 제한적이고 지시적인 새로운 언어 활동에서 동시에 따온 한 언어가 자칭 보편적 의사 소통의 도구로 사용된다. 하지만 그 언어는 어떤 신기술이든 자본으로 환산할 만반의 준비를 하고 있는 화려한 문체를 지닌 기회주의자에 불과하다. 이런 새로운 언어가 뿌리를 내리고 세계 곳곳에서 이해되기 위해, 또한 중대한 필요성 때문에 문체적 특수성과 독특함 자체는 제거되어야만 한다. 그 언어는 새로운 것이 되기 위해 스타일·내용·표현의 최소 공통점만을 드러내야 한다. 또한 그 언어는 지구의 모든 지역에서 해석되고 요약되며 텔레비전의 필연적인 전송 시스템에서 클립-광고로 장면 처리될 수 있어야 한다. 그리고 이 언어가 지구 어느 곳에서나 말하고 이해되기 위해서는 단 한 요소의 범주만을 사용해야 한다. 즉 모든 모호함을 제거해야만 한다. 따라서 오늘날 영화에서는 동시에 한 마리 토끼를 쫓아야 한다. 우디 앨런이 훌륭하게 해낸 것이 바로 이것이다. 《카이로의 붉은 장미》에서 시네아스트는 상황의 드라마틱한 논리를 피하려고 시간을 보내며 우리에게 상황의 표면만을 보여 준다. (장 클로드 비에트, 《작가의 시》, p.118)

이처럼 새로운 공용어는 클로드 베리(프랑스적 특징을 지닌 영화의 전통적 형식주의를 유행시켰다)의 영화와 시드니 폴락의 '촬영된 영화'나 문화적 드라마의 유럽 장르에서도 찾아볼 수 있다.

한편 장 클로드 비에트는 다음과 같은 점을 강조했다:

많은 연출가들은 영화를 변함없이 매우 사랑하기 때문에 침울한 부분에 공통적으로 반응하기보다는 더 잘해 보려는 욕구를 지니고 있다. 그들은 자신의 개인적 영역을 남기기 위해 영화 기술 행위에 주의를 기울인다. 아마도 이것이 매너리즘이며, 일상 언어에 대항하는 은밀한 개혁이고, 예전의 탁월한 결과에 대한 향수(조명·무대 장식·배우)일 것이다. 그러나 아름다운 결과란 사랑스런 이유가 없다면 아무것도 아니다. 사랑스런 이유란 단순하게 주제들을 말한다. 오늘날 일반적 언어를 기품 있게 만들고 영화의 귀족적 분야인 영화 애호가적인 필체(칼리그라피)는 한 주제의 두려운 요구에서 떨어져서 효력을 발휘하여 내용의 당디슴에 도달한다. (《작가의 시》, p.118)

이것은 장 자크 베네·프랜시스 코폴라·안드레이 줄랍스키·마틴 스코시즈·자크 두알롱·오시마 나기사의 경우나 다리오 아르젠토처럼 방문객(그와 또 다른 사람들)과 함께 여러 기본적인 부분이 영화의 변화를 위해 작용하는 주요 장르인 환상적 영화를 실행한 경우를 말한다. 영화의 변화는 애니메이션 영화로의 복귀, 특수 효과(불꽃놀이 화약 사용, 기계적인 특수 효과, 무대 장치 모형, 축소 모델,

분장 효과, 스턴트 등)를 촬영 장면으로 대체하는 것, '새로운' 영상과의 연계를 들 수 있다. 클립이나 광고의 발달로 대가들에 의한 리듬의 상실(레네), 신인 시네아스트들의 감소, 줄거리 창작의 어려움과 새로운 형식 정착의 어려움에 대한 객관적 확인이 있었고, 다네가 '완벽한 공허의 진정한 고전주의'(프랑스에서는 뤽 베송이나 장자크 아노의 영화에 의해 나타났다)라고 부르는 것을 통해 다가올 영화의 소멸감이 1980년대에 여러 번 표출되었다. 새로운 영상의 도래는 결과적으로 스티븐 리즈버거의 《트론》(1982)이나 프랜시스 코폴라의 《마음의 상처》(1981)와 같은 실험 작품을 내놓았는데, 그 영화에서는 등장 인물과 무대 장식이 더 이상 서로 연관되지 않았고, 상호 영향력의 은밀함이 혼동되었으며, 배우의 육체와 영상 재료 사이에 분리가 다소 선명하게 나타나 모두 제각각이었다.(세르주 다네, 《영화 신문》, p.124)

우리는 방금 매우 간략하게 형식의 변형을 주도한 사람들 가운데 단지 몇 사람들을 살펴보았다. 물론 다른 사람들도 많이 존재한다. 사실 이런 훌륭한 형식은 할리우드에 적절하지는 않았다. 그 형식은 경우에 따라 특별한 적용을 거치면서 전세계 여러 국가에서 실행되었다. 프랑스에서 '시적 사실주의'(마르셀 카르네·자크 프레베르·쥘리앵 뒤비비에·피에르 슈날·에드몽 그레빌·자크 베케르 등의 영화), 프랑스적 특성의 영화(장 들랑누아·르네 클레르·앙리 조르주 클루조 등)와 시적 사실주의의 현대적 표시(클로드 샤브롤 등)는 중요한 형식을 명백히 드러냈으며, 영국의 데이비드 린, 이탈리아의 알베르토 라투아다나 마우로 볼로그니니, 폴란드의 예르지 카발레로비치, 스웨덴의 알프 시외베리, 아르헨티나의 레오폴도 토레 닐슨 등도 마찬가지였다. 그럼에도 불구하고 이런 의문이 남는다. 그렇다면 자크 투르뇌르·앨프레드 히치콕·마틴 스코시즈·앙드레 카야트·발레리오 주를리니·루이지 코멘치니 등도 동일한 형식을 드러내고 있을까? 만약 그렇다면 오손 웰스·스탠리 큐브릭·장 비고나 에릭 로메르는 왜 그렇지 않았을까? '고전주의'·'매너리즘'이나 '아케데미즘'이라는 범주처럼(명칭을 찾지 못한 범주를 제외하고) 불완전한 범주를 사용해야 할 때는 다양성을 예상해야 할 것이다. 그렇다면 파악하기 어려울 정도로 확산된 형식은 어떤 일관성을 지니고 있는 것일까? 스튜디오 촬영, 내레티브 형식일 거라는 사실, 형식이 내포하고 있는 진리의 유형이 그것을 충분히 정의해 주지는 않는다. 이런 특징들은 모두 제한적이어서 매우 빠르게 반박당했다. 이제는 주요한 형식의 유일성을 버리고 영상-동작의 개념(질 들뢰즈에게서 인용)의 연합과 제도적 표현 양식(노엘 뷔르슈에게서 인용)의 연합으로 되돌아가야 할 시기이다. 장소와 순간에 따라 다양한 영상을 결합해야 한다는 생각은 풍부한 창조성을 지켜 주었다. 제도적 표현 양식이란 항상 제자리에 있는 수평선을 의미하며, 불행하게도 우리는 그곳에 가까이 접근했었다. 그 양식은 규범에 대한 '일탈'로 나타날 수 있는 작품의 검증으로부터 '은연중에' 추론되었다. 실제로 아카데미즘의 형식을 드러낼 때를 제외하면 작품들이 20세기 내내 모델을 뛰어넘는 개발에서 풍성함과 복합성을 지속적으로 보여 주고 있다.

4. 구름 속으로

할리우드 영화는 상당히 일찍부터 무시할 수 없는 영향력을 행사했다. 그리피스——특히 에이젠슈테인과 드라이어, 프랑스에서 데밀의 《반역》(1915)이 중대한 반향을 불러일으켰고, 배우 윌리엄 하트와 함께 찍은 인스의 영화와, 《키스톤 콥스》·《목욕하는 미녀들》을 서로 포개놓은 마크 세넷의 희극물도 마찬가지였다——는 전세계적으로 영향력을 지닌 세넷이 발굴한 채플린을 언급하지 않더라도 전세계에 영향을 주었다. 일본이 서양의 제도적 표현 양식에 직면한 것은 1920년대였으며(특히 그리피스를 통해), 그 양식으로 타협에 대한 해결책을 찾았다(기누가사 데이노스케·이노우에 마사오 등). 무성 영화 시대에는 몇몇 유럽 영화들(프랑스·스웨덴·이탈리아·독일)도 상당히 중요성을 지녔고, 주요 형식의 방향으로 진행되지 않았던 표현 양식을 근본적으로 발전시켜 나갔다. 최근의 연구가 이런 사실을 밝혀 주었고 다양성을 발견하게 해주었기 때문에 뒤이은 다양성에 대한 연구의 시발점이 되었다.

표현주의

표현주의라고 불리는 독일 영화는 미국 영화와는 대조를 이룬다. 표현주의는 1910-25년 사이 독일에서 전개된 예술 운동으로, 20세기초 독일 사회가 안고 있던 위기와 분리시킬 수 없다. 그것은 부분적인 '미적 전복의 시도'(J.-P. Faye)로서 이탈리아 미래주의,[32] 러시아의 구성주의,[33] 앵글로색슨의 이미지즘[34] 프랑스의 초현실주의에도 나타나 있다. 영화와 연관지어 볼 때 이런 단어의 사용은 두 가지 중대한 어려움에 봉착하게 된다. 그것은 단어를 둘러싸고 있는 개념적 모호성과 일명 표현주의 영화는 미술·연극·문학의 표현주의 표출과 비교해 볼 때 역사적으로 차이가 있다는 사실이다. 표현주의 영화는 1919년 로베르트 비네의 《칼리가리 박사의 밀실》과 함께 시작되어 역사에 의하면 1925-27년 사이에 끝을 맺는다. 표현주의는 유행 현상으로서 표현주의를 체험하는 소위 교양 있는 대중을 겨냥한 예술적 포부를 담은 영화를 매체로 하여 영화 산업에 침투하였다. 이런 영화들이 독일 영화 산업에서 외국 시장을 개방하게 만들었다. '칼리가리'의 열렬한 신봉자인 루이 델뤽과 같은 비평가 덕분에 프랑스에서 독일 영화를 묶어놓고 있던 철저한 금지가 철회되었다. 이 영화의 성공은 미국에서도 동일하게 이루어졌고, '독일의 침략'(1920년 파울 베게너의 《골렘》, 1925년 두폰트의 《다양성》, 루비치의 영화들)이 뒤따르게 되었다. 이런 유행은 독특한 표현주의의 한계를 벗어났으며, 비네의 영화에서 루비치의 영화까지 혼돈이 이루어질 수 있었다. 1920년대 독일에서는 매년 약 2백 편의 영화가 제작되었다. 하지만 극소수의 영화만이 표현주의라는 타이틀을 지닐 수 있었다.

우리는 영화에서 표현주의를 다른 예술, 즉 연극(배우의 연기, 조명 작업, 일정한 주제), 지배적인 건축(장식)과의 연관성을 드러내면서 정의해 보려고 자주 노력하였다. 지배적인 건축이란 작품에 따른 공간을 형성하는 것을 말하는데, 그 작품의 영향력이 영상을 구성하는 모든 요소(액세서리 · 배 등)에 미치게 된다. 거기에서 훌륭한 장식가들이 많이 나왔다: 로흐스 글리에세 · 로베르트 헤를트 · 오토 훈테 · 헤르만 바름 · 발터 뢰히리크 · 발터 라이만 등. 《노스페라투》의 장식가인 알빈 그라우(제작자이기도 하다)는 그 책임이 미술-건축가에게 가해지는 회화적인 효과를 주장했다. 그래서 무대 장식에서 사용되는 방식과 회화성이 이 영화의 특징으로 인식되었다. '칼리가리'에 이은 표현주의 영화는 비네(《게누이네》, 1920; 《라스콜니코프》, 1928)와 카를 하인츠 마르틴(《아침부터 밤중까지》, 1920)의 영화이다. 이론가 벨라 발라즈에 의하면 표현주의란 '사물의 잠재적인 모습'을 드러내려고 추구하는 것이다. 모습의 범주는 영화가 대상을 형상화하는 힘을 내세우고, 감정(stimmung)의 범주는 독일에서 그가 암시하는 비심리적이고 정신적이며 집약적인 인생을 내세우고 있다. 표현주의자들은 모든 단일성이나 유기적인 총체와 단절하고 사물의 비본질적 생명, '유기적인 것 이전의 강력한 발생'을 내세운다. 이런 형식은 무르나우(《노스페라투》, 1922; 《마지막 사람》, 1924; 《파우스트》, 1926; 할리우드에서 제작된 《일출》, 1927)의 작품과 아서 로비슨의 《어둠의 조련사》(1922), 파울 레니의 《밀랍으로 된 그림의 방》(1924) 같은 영화에서 완성되었다. 이 형식은 아직도 밀실 영화에서 발견되며, 그 영화는 칼리가레스크 영화와는 동떨어져 있고 루푸 피크(《철도》, 1921; 《제야의 비극》, 1923)·카를 그루네(《고혹의 거리》, 1923)·에발트 안드레아스 두폰트(《다양성》, 1925)에 의해 예시되었다.

옛 소련

옛 소련인들은 독일 영화와 미국 영화를 관찰하여 거기에서 그들 고유의 교훈을 이끌어 냈다. 레프 쿨레쇼프나 브세볼로드 푸도프킨처럼 몇 사람들은 미국에서 자리잡은 표현 체계를 인정하였고, 옛 소련 사회의 요구에 따라 그것을 받아들이기로 결정하였다. (배우의 한결같은 냉정한 인상을 다각적인 계획과 병치되도록 구성한 쿨레쇼프의 실험은 고전적인 합성의 기저 규칙의 표시에 불과하다.) 첫째 그룹은 보리스 바르네트나 페도르 오제프가 학생들과 함께 패러디 작품의 방향을 돌리기 위해 대서양 저편의 대중적 장르를 이용하면서 패러디 작품(오제프와 바르네트의 《볼셰비키 국가에서 미스터 웨스트의 기발한 모험》, 1924; 《죽음의 빛》, 1925; 《미스 멘드》, 1926)을 실현시켰다. 두번째 그룹은 리듬적 문제를 특별히 연구하면서 그리피스적 교훈(《어머니》, 1926; 《상트페테르부르크의 종말》, 1927; 《아시아의 돌풍〉, 1929)에 심취하였다. F.E.K.S.(기발한 배우의 모임)의 예술가들, 그리고리 코진체프와 레오니드 트라우베르크, 그들은 미국적 '슬랩스틱'과 칼리가리즘 성향의 모델을 찾으려고 했다. 이 그룹의 가장 중요한 영화는 〈신바빌론〉(1929)으로 파리의 코뮌을 존중하는 영화이다. 2명의 위대한 옛 소련 예술이론가는 지가 베르토프와 세르게이 에이젠슈테인이다. 첫째 그룹의 기본적인 생각은 영화의 눈(kino-glaz) 이론과 〈키노-프라우다〉 시리즈와 〈카메라를 든 사나이〉(1929)를 포함한 작품에서 표현되었다. 그들의 라이벌은 할리우드와 기꺼이 할리우드의 편을 들어 그것을 표적으로 삼은 에이젠슈테인이었다. 스탈린 체제에 대한 에이젠슈테인의 태도를 어떻게 생각하든지간에(에이젠슈테인은 할리우드에 대해 괴로워했던 것처럼 그 체제도 힘들어 했다. 그의 영화 가운데 두 작품, 〈베진 초원〉(1935-37)과 〈멕시코 만세!〉(1931-58)는 주변으로 밀려났다. 더구나 그는 망명으로의 해결을 거부했다) 그는 옛 소련에서 이 시기의 가장 주목받는 예술가로 남아 있었는데, 바르텔르미 아맹귀알은 그 이유를 다음과 같이 서술하고 있다:

그것은 에이젠슈테인이 예술적 작품과 비판적 사고를 동시에 처리하였기 때문이며——행동과 이론에 의해——그가 영화에 대한 마르크스적 미학을 과학적으로 정의해야 한다는 강박관념을 지니고 있었기 때문이다. 또한 그는 살아 있는 동안 자신의 예술에 대해 가장 명확한 인식을 추구했으며, 창작 활동에서 통찰력을 지니고 발레리적인 의도로 일했다. 그는 자신의 고유한 영화들을 학자답게 분석하였다. 게다가 그는 수천 개의 비범한 그림을 묘사함으로써 영화의 레오나르드 다 빈치라고 공공연히 일컬어질 수 있었다. 만약 1917년 10월에 일깨워진 옛 소련의 아방가르드, 유토피아와 혼합된 학문의 정신,

이성적이고 자극적인 사회에서 서정적이고 합리적인 인간을 위한 생산적 문화를 구성하려는 의지가 어떤 창조적인 야망의 분위기에서 무르익었는지를 상기하고자 한다면, 에이젠슈테인이 자신의 시대의 규범에서 벗어나지 않으면서 혁명의 아들이 되었고, 그 혁명의 유명한 아들 가운데 한 명이라는 것을 알아야 한다. (《에이젠슈테인이여 영원하라!》, p.21)

옛 소련의 시네아스트들은 마르크스 논리에 기초한 하나의 동일한 개념을 공유했다. 그러나 이런 개념 안에서 위대한 연출가들은 각자의 논리에 대한 다양한 법칙을 나타냈다. 그 예로 브세볼로드 푸도프킨 · 알렉산드르 도브젠코(《무기 공장》, 1929; 《대지》, 1930) · 에이젠슈테인(《파업》, 1924; 《전함 포툠킨》, 1925; 《10월》, 1927)을 들 수 있다. 지가 베르토프로 말하면 직관 이미지의 전형으로 실험적 영화의 여러 형식을 예고했다. 그에 따르면 촬영이 미리 이루어지든지 영화의 순서를 미리 세우든지, 혹은 모든 촬영 소재가 마지막 결과에서 자리를 잡는 즉흥 영화나 다이렉트 영화의 몇몇 형식을 선호하는 시네아스트들에 의해 권장된 전략이든간에 영화를 찍는다는 것은 이미 몽타주임이 분명하다는 것이다. 강한 개성을 흔드는 내면에서 우러난 이런 맹렬한 토론으로 1920년대 옛 소련 영화의 풍요로움은 다른 여러 국가에서 한 세기 내내 반향을 불러일으키며 잔존해 있었다.

프랑스의 아방가르드

프랑스에서 몽타주는 양적인 경향을 드러낸다. 그것은 계산되는 움직임의 양(절대적이든 상대적이든)을 말한다. 그런 움직임의 양은 유기체를 벗어나기도 한다. 앙리 랑글루아는 아벨 강스(《바퀴》, 1924; 《나폴레옹》, 1927)의 《튀브 박사의 실수》(1916)와 더불어 프랑스의 아방가르드('인상주의')의 역사가 시작되었으며, 루이 델뤽이나 제르멘 뒬락(이들은 1919년의 《스페인 축제》라는 영화 제작에 공동으로 참여했다)이 음악·발레·리듬 용어로 영화를 생각했다는 사실을 주장하였다:

  1920년에 우리 시네아스트들은 무성 예술의 장, 영사 심포니의 장과 주관적 영화의 장을 넘어섰다. 그들은 이미 카메라로 영화를 기록하곤 했다. 또한 영화가 이미 영화 언어로 되어 있었다. 흑백 대조에 대한 탐구와 그 대조가 촬영 각도에 따라 각 영상에 제공하는 의미와 표면, 양, 단편·장편의 몽타주 안에서의 혼란, 점차 커지는 계획의 분열과 단순화에 의해 우리의 아방가르드는 영화의 기호화로 곧장 전진하고 있었다. (앙리 랑글루아, 《영화 3백 년》, p.235-236)

장 엡스탱(《진심》, 1923; 《위셰르 가문의 몰락》, 1928)은 "나는 항상 규칙을 지니고 있는데 음악에서처럼 명확하게 단순한 관계를 지닌 계획의 분량을 세우는 것을 규칙으로 여겨왔다"라고 말한다. 마르셀 레르비에도 초기 프랑스 아방가르드에 속한다.(《엘 도라도》, 1921; 《비인간성》, 1924; 《돈》, 1928) 그는 라자르 미르송이나 말레 스테뱅스 같은 건축-장식가의 도움을 받았다. 건축가, 연극 또는 화가와의 연합이 표현주의의 유일한 특징은 아니었다. 옛 소련 시네아스트들도 형식주의·미래파·구성주의나 프롤레트쿨트 같은 운동에서 받아들여졌다. 1920년대말 프랑스에서 영화와 초현실주의는 전체 여정 중 아주 짧았다.(루이스 부뉴엘과 살바도르 달리의 《안달루시아의 개》(1928)와 《황금 시대》(1930)라는 두 영화를 통해서) 열광적이고 열성적인 탐구 단계에서는 어디서든지 예술 운동과 영화 사이의 교류를 보여 주는 강한 이론적 성찰이 가중되었다. 미국에서도 마찬가지로 세실 B. 데밀이 파캉에서 일한 뒤 파리의 푸아레에서 근무한 의상가이며 풍자만화가인 동시에 모델리스트인 폴 이리브라는 아르데코의 대표적 인물의 도움을 받았다. 이런 협력은 1919년(《놀라운 크리턴》에서 이리브가 글로리아 스원슨의 드레스를 디자인했다)부터 1927년(《왕 중 왕》)까지 유지되었다. 《십계》(1923)에서 람세스 궁전의 장식도 이리브에 의해 구상되었다. 모든 장르에 적합한 할리우드적인 성실한 장인이 되기 전에 프랑스 출신 로베르 플로리는 1927년에 슬라프코 보르카피치와 함께 《9413의 삶과 죽음》·《할리우드 엑스트라》라는 아방가르드 영화를 제작했다.

독립 영화

옛날 리옹 지역의 가금 사육장에는 해가 떠 있는 동안 아무것도 하지 않는 귀여운 암컷 오리 두 마리가 있었다. 사람들은 그 오리를 뤼미에르(빛) 자매라고 부르곤 했다. 싱그러운 계절이 다가오자 오리들은 일치단결하여 수많은 알을 낳았다. 새끼 오리들이 한 마리, 또 한 마리 알에서 나왔다. 다들 닮았지만 한 마리만은 크고 흉측해 보였다. 그러자 그 한 마리는 곧 형제들——특히 변사와 상업이라는 아름다운 이름을 지닌 형제들——의 고통과 괴로움이 되었다. (도미니크 노게, 〈영화의 가여운 미운 오리〉, 《시네마》, p.88)

이 유명한 오리는 여러 이름을 가지고 있다. 독립 영화·색다른 영화·아방가르드 영화·시적 영화·지하 영화(언더그라운드) 등등 다양하다. 아방가르드 전통에는 항상 실험이 존재했기 때문에 1920

년대가 바로 그런 해라고 할 수 있으며, 그 전통은 중단되지 않았다: 콕토(《시인의 피》, 1931)·맨 레이·엡스탱·카발칸티·한스 리히터·발터 루트만이 특히 미국에서 아방가르드 예술가들에게 중요한 역할을 했으며, 1940년대 아방가르드 예술가와 그 뒤를 이은 마야 데런·윌리어드 매스·마리 멩컨·카르멘 다비노·로버트 브리어·페터 쿠벨카·메카스 형제·케네스 앵거·셜리 클라크·잭 스미스·앤디 워홀·스탠 브래키지·그레고리 마르코폴로스·이이무라 다카히코·베르너 네케스·스티브 드오스킨·마이클 스노·파트릭 보카노브스키·노먼 매클라렌이나 유리 노르슈테인 같은 애니메이션 시네아스트들을 간과하지 않으면서 예술가들에게 큰 영향을 미쳤다. 이 연출가들의 영화 대부분은 난해하다는 단순한 이유 때문에 잘 알려져 있지 않거나 상연되지 않았다(배급망의 결여와 서술 영화에 익숙한 관객의 거부). 그러나 그 중 몇 편의 영화에서 배우들이 명성을 얻었다. 마르셀 아눙은 상대적으로 어두움에 머물러 있었지만 마르그리트 뒤라스(《인도의 노래》, 1965)와 샹탈 아케르만(《안나의 약속》, 1978)에게는 그렇지 않았다. '현대적'이라 일컬어지는 영화도 때로는 매우 적은 양이지만 '지하'의 개혁을 활용했다. (매클라렌이 문자에 대해 한 작업이 장 뤽 고다르의 영화 첫머리 자막에 영감을 주었다.) 비디오 예술 영역에서 제작된 작품 중 어떤 것은 실험적이라 불리는 영화인들의 제작을 재현하거나 연장한 것이다.

도미니크 노게는 다음과 같이 단언한다:

여러 형식적 설정이 조정의 위치에 있는 모든 영화는 '실험적'이다……. 우리는 '형식적 설정'에 의해 그것이 전해 주는 의미는 고려하지 않은 채 민감한 외형이나 작품의 구조와 연관된 모든 염려에 귀를 기울인다.

그러면서 그는 예를 하나 들고 있다:

참고 기능은 기능의 경제법과 투명 법칙을 이야기에 강요하면서 우위를 차지한다. 영화는 공간·시간·음향(혹은 침묵)이 있기 때문에 우리는 카메라가 더 정확하게 공간을 스크린에 맞추어 투사하고 1초도 낭비하지 않으며 강한 음향도 없도록 만들 것이다. 여기저기에서 삭제를 한다. 그러나 이런 제안을 바꾸어 보자. 더 많은 공간과 아무것도 없는 순간, 이유 없는 음향을 제공해 보자. 거기에 바로 실험적 영화의 파괴가 있다. (《실험적 영화에 대한 찬양》, p.15, 19)

이런 정의는 가끔 '현대' 영화에서 주어진 정의와 그리 멀리 떨어져 있지는 않다. '현대적' 영화를 정의하기 위해서 일반적인 견해가 결과적으로 중요한 형식에 대한 정의의 용어들을 뒤엎었다: 입체감, 선형성, 몇몇 희극론, 조명과 여기에 연관된 배우의 연기에 대한 거부, 허무의 순간에 대한 주장, 목표 없는 행위에 대한 강요, 주요 형식이 구체화시킨 것을 모호하게 놓기, 느슨한 시간성의 창시 (마르그리트 뒤라스·테오 안젤로풀로스 등), 잘못된 장면 연결의 사용 등.

1950-60년대에 영화는 연극·미술(안토니오니와 브레송, 구로사와 아키라와 피알라는 화가이거나 화가가 되고자 했다), 특히 문학 같은 다른 예술과 동등한 위치에서 교류할 수 있었다. 작가인 클로드 올리에는 1968년 〈장 리카르두에게 보낸 편지의 계획〉에서 다음과 같이 기록하고 있다:

이제, 책과 영화의 영역에서 몇몇 실제적 단계의 유사성(생소한 기술의 불가피한 사용에도 불구하고)에 대한 관심을 기울여야 한다. 그것은 바로 장소에 대한 새로운 발견의 영역 안이다. 가장 확실한 예들 중에서 최근의 몇몇 예를 들 수 있는데, 스콜리모프스키의 최초 영화 2편인 《리숍시스》와 《낙승》, 장 루슈의 《북역》, 고다르의 《메이드 인 유에스에이》와 《내가 그녀에 대해 알고 있는 두세 가지 사실》 등이 그것이다. (《스크린 추억》, p.21, 23)

더구나 로베르 브레송이 '시네마토그래프(영화)'라는 단어로 돌아간 것과 마찬가지로 알렉상드르 아스트뤼크의 카메라-스틸로 이론도 글쓰기에 대한 염려와, 다른 예술적 형식과 의식적으로 경쟁해야 하는 근심을 보여 준다.

시간의 직접적 영상(모더니즘)

주요 형식에서는 침묵과 음향과 함께 영상의 가능한 결합 중 하나를 활용했으나 결합에서 기존의 궁극적 목적이 강요되었다. 침묵과 음향은 공허함을 채우게 되었고, 그 위치가 이미 프로그램화되었다. 하지만 이런 것들의 출현이 영상-운동을 야기시키는 간접적 영상 대신 시간에 대한 직접적인 영상의 조건들을 이끌어 냈다. 어떤 일이 일어났을까?

지각과 운동은 더 이상 결합되지 않고 공간이 서로 연결되지도 않으며 서로 채워 주지도 못한다. 순전히 음향적이고 시각적 상황에서 발탁된 등장 인물들은 방황이나 산책하는 상황에 처하게 된다. 그들은 오히려 견디기 힘든 상황에 이르게 되며, 그 상황 자체가 평범함이 된다. 거기에서 전복이 이루어진다. 움직임이 비정상적일 뿐 아니라 비정상이 그 자체로 이제는 가치가 있으며 직접적 원인으로서 시간을 지시한다. 시간은 더 이상 움직임에 의존하지 않으며, 반대로 비정상적인 움직임이 시간에 의존한다. 직접적인 영상-시간은 유령처럼 항상 영화를 사로잡았지만 이 유령에 육체를 제공하기 위해서는 현대 영화가 필요했다. (질 들뢰즈, 《영상-시간》, p.58-59)

영상-시간이 영상과 음향 사이의 괴리에 대한 작업이 가능했을 때부터 나타났을 것이라고 말하는 순간부터 우리는 1930년대 이후로 장 르누아르의 《암캐》(1931), 카를 드라이어의 《흡혈귀》(1932)나 장 비고의 《라탈랑트》(1934) 같은 작품들이 총체적으로 혹은 단편적으로 다음 지역에서 행한 것처럼 이런 방향으로 작업을 하고 있었다는 것을 확인했다:

• 미국: 오손 웰스(그의 모든 작품에서는 과거 층들을 활용했다)와 제임스 에이지의 시나리오를 따른 찰스 로턴의 《사냥꾼의 밤》(1955), 가장 비열한 방법에 속한 미세-역사로 된 내레이션을 빛나게 한 제리 루이스(《벨 보이》, 1960; 《숙녀들의 남자》, 1961; 《할리우드의 머리 돈 놈》, 1962) · 먼트 헬먼(《사격》, 1966) · 존 카사베츠(《그림자들》, 1961; 《얼굴들》, 1968) 등.

• 일본: "오즈 야스지로는 여기에서 색이 거의 없는 '사케의 맛'을 이용하는 동시에 이런 색을 사용하여 색에 대한 다양한 조명으로 형식적 조형을 복잡하게 하였고, 새로운 분위기를 창출했으며, 영화의 동일한 내용에 대한 복합성을 증대시켰다. 신선한 색(초록 · 붉은색 · 노란색 · 푸른색)이 현실적으로 진실인 것 같은 것을 위해서가 아니라 감각적 확산을 창조하기 위해 반복되었다."(장 클로드 비에트, 《작가의 시》, p.43) 미조구치 겐지의 작품(《우게쓰 모노가타리》, 1953; 《적선 지대》, 1954 등)은 "가시적인 세상에 자신의 신성한 특성을 되돌려 준다. 존재를 추방하거나 그 존재를 서로 내던지는 공

간(영화인들이 전혀 인식하기 못했던 카메라의 가장 아름다운 움직임)의 갑작스러운 개방으로 그 작품은 배우-등장 인물, 삶의 무한함을 연장하는 일종의 밀려오는 추리로 세상이 표현될 때까지 영역의 깊이를 강화한다."(위의 책, p.129)

• 인도: 클로드 올리에는 사티아지트 레이의 《아푸의 세계》(1959)를 이렇게 기록하고 있다:

영화는 다양하고 유연하고 흐름이 있으며 매우 민감하고 상당히 신실한 반영의 시간을 제공한다. 약해지고 정지된 시간의 아름다움, 수축되고 반복되지만 지속되는 흐름 속에서도 파악되는 지속성의 아름다움, 일그러지고 휘어진 순간의 인식, 연대에 의존하는 본질적인 영상 전개 기술에 의해 스크린에 고정된 시간의 온갖 양식──본래 몇 개로만 고정시킬 수 있었던 필름 상영과 또한 스스로 지각·배열·복귀의 현실적인 비연속성을 가리키는 연속성에 대한 환상, 즉 시각의 순수한 환상에 대한 효과에 의해 동시에 스크린에 고정된 시간에 대한 온갖 양식──거기에 모든 내적인 연구와 마찬가지로 다양한 세계 탐구를 가능케 하는 예술의 기적이 있다. (《스크린 추억》, p.164-165)

클로드 올리에는 장 르누아르와 루키노 비스콘티(연극 장비와 연관된 르누아르의 교훈을 심화시켰다)와 페데리코 펠리니에 의해 암시되고 질 들뢰즈가 영상-크리스털이라 부른 것을 일깨워 주는 영상-시간에 대해 서술하고 있다. 비스콘티는 영화 역사에 대해 가장 난해한 스타일을 지닌 사람 중 한 명이다. 그의 작품은 급변함(《강박관념》, 1942; 《흔들리는 대지》, 1948; 《벨리시마》, 1951; 《백야》, 1957; 《센소》, 1953; 《산드라》, 1965:이보다 더 독창적인 것은 없다)

과 자신의 시간에 대해 나타내는 괴리로 인해 가장 경이로운 작품으로 꼽힌다. 표현 방식이 네오레알리스모일 당시 비스콘티는 거기에서 벗어나 있었고, 그 방식이 현대적일 때 그는 숭고하고 은밀한 영상-시간을 세우기 위해 아카데미즘을 시도하려는 듯했다. 또한 그외 '가장 위대한 역설주의자'인 루이스 부뉴엘과 실제적으로 홀로 늙어가는 등장 인물을 통해 두 부분에 펼쳐져 있는 영상-시간을 제시하는 마지막 영화 《뇌제 이반》의 S. M. 에이젠슈테인, 《아나타한의 열기》(1953)의 요제프 폰 슈테른베르크, 《게르트루드》(1963-64)의 카를 드라이어, 《새》(1963)의 앨프레드 히치콕, 《황금 마차》(1952)의 장 르누아르, 가장 먼저(1910년대말) 작업을 시작한 드라이어와 함께 존 포드의 이름을 병기해야만 한다. 존 포드는 '고전주의' 형태를 자리잡도록 하는 데 공헌했다. 그는 《영웅적 임무》(1949) 때부터 고전주의에서 벗어났고, 《리버티 밸런스를 쏜 사나이》(1962)·《중국 국경》(1966)·《추적자》(1956) 같은 그의 마지막 작품들은 그 이상을 보여 주고 있다. 7편의 영화를 통해서 본 무대 장식에 대한 그의 업적(Monument Valley)은 놀라운 개혁이었다. 그는 모든 영화 역사에서 독특하게 기억되는 연극을 구성하였다. 위의 연출가들은 심각한 시기를 지낸 후에 '현대화'의 경지에 도달했다. 그들의 최후 작품들은 영화 역사에서 탁월한 순간을 장식하고 있으며, 침강 작용의 결과이기도 하다. 그 작품들은 모스 부호로 부르는 미래를 향해 분출된다. 한편 기적 같은 영화 역사도 있는데, 그것은 존 포드 같은 사람이 그리피스와 고다르를 만날 수 있었다는 것이다. 1955년부터 1965-70년으로 가는 시기는 일종의 다양한 시간 프리즘과 그 시대에만 있는 진실한 영상-시간을 제공해 주었다. 그래서 모든 것이 재현되었으며, 새로운 순회를 위한 재출발이 있었다.

'현대적'이라는 형용사는 시네아스트들의 새로운 세대(안토니오니·고다르·레네·카사베츠)와 그들이(적어도 프랑스에서) 비슷하다고 여기는 구세대 연출가들을 지시하는 데 사용되었다. 그런 연출가로는 브레송·타티·파놀·기트리·콕토·베리만이 있다. 베리만은 배우에 대한 연구를 했고, 다른 사람들은 음향·음성·텍스트·문학과의 관계(브레송은 디드로·베르나노스·도스토예프스키 작품을 각색했다. 파놀·기트리·콕토는 작가였다)에 대해 연구했다. 음향이 근원적인 쟁점이 되었으며, 다큐멘터리는 초기의 경험들이 실행될 수 있는 곳이 되었다. 화면 밖의 목소리로 불리는 해석의 사용은 통일된 의미를 자주 강요했다. 파스칼 보니처는 이런 사용이 어떻게 깨어질 수 있었는지를 나타내 주고 있다:

따라서 만약 화면 밖의 해석 안에서 음성과 의미의 결합이 지배나 억압 체제를 규명한다면, 그것은 아마도 분열에서 비롯되어 화면 밖의 목소리의 다른 전략적인(혹은 에로틱한) 분열이 정의되기 시작했기 때문일 것이다. 이것이 바로 부뉴엘이 《빵이 없는 땅》에서 미리 예고했던 영역의 일종이다. 냉철한 해석이 거기에 가해졌으나 영상은 어울리지 않았다. 영상에서 그 영역은 죽어갔고, 부패했으며, 사납게 울부짖었다. 그리고 마침내 해석의 신중함과 제한이 기이하게 변하며 불안한 목소리의 침체로 이어져 마치 영상의 소리 없는 외침과 화면 밖 목소리의 대사 사이에 깊은 수렁이 이 음성의 진술을 부인하는 소리 없는 웃음에 의해 서서히 떠오르는 것 같다. 그 음성, 마침내 우리는 그것을 듣는다. 우리가 듣는 순간부터 대화——오로지 기량이 뛰어난 자의 대화——는 위협을 받고, 해석의 기능이 불확실하며 다큐멘터리의 기능도 문제가 된다. 《빵이 없는 땅》에서 의도한 것은 해석의 기량과 제국주의, 다큐멘터리의 근본적인 식민지주의에 대한 근원적인 테스트이다. (《시선과 목소리》)

다큐멘터리 영역에서 또 다른 실험은 장 비고(《니스에 관하여》, 1929; 《라탈랑트》, 1934) · 장 그레미용(《여름날의 빛》, 1943; 《고상한 사냥개》, 1956) · 조르주 프랑쥐(《짐승의 피》, 1949; 《얼굴 없는 눈》, 1960)가 했던 것처럼 영상-꿈에 보잘것없고 꺼칠한 영상을 포개놓는 것으로 구성되었다.

• 로베르 브레송(《사형수의 도주》, 1956; 《소매치기》, 1959; 《발타자르, 위험해》, 1966). 그가 '모델'이라고 부르는 배우들의 단조로운 화법이 그의 영화에서 맨 처음 부딪친 것이었다. "말 맞추기는 브레송과 타티뿐 아니라 분명 프랑스 영화의 관심사이다. 프랑스는 음성과 관련하여 가장 독창적인 시도를 발견(브레송 · 타티 · 뒤라스 · 고다르 · 스트로브 등)한다. 콕토와 기트리 이후로 이 영화는 오로지 지속적으로 음성 영화로 제작되었다. 문학 영화와는 다른 그 이상의 것이었다. 음성에 대해 강박관념을 지닌 영화에서 단어를 말하는 것은 감동적인 사건이다."(미셸 시옹, 《영화 속의 목소리》, p.73, 75) 브레송, 그는 또한 분할된 공간이며 단절된 각도에서 취해진 육체이고 조각난 구조이며 자신의 금욕주의와 추상 속에서 박탈된, 그러나 관능적인 세계이다.

• 자크 타티(《축제일》, 1948; 《윌로 씨의 바캉스》, 1953; 《나의 아저씨》, 1958). 그는 음향과 배우에 있어서 브레송과 같은 방향을 취했다. 세르주 다네에 의하면 그도 역시 프랑스의 위대한 기록영화가이다: "그는 자신에게 유일하게 관심을 갖고 있는 프랑스 사회에서 자신도 그 사회의 일원이며 프랑스 사회를 관용적인 종족, 그리고 끊임없이 변화하는 종족으로 여겼기 때문에 재미있는 민족학자의 속을 떠보려고 미끼를 던지곤 했다."(《영화 신문》, p.134)

• 잉마르 베리만(《모니카의 여름》, 1952; 《산딸기》, 1957; 《얼굴》, 1958). 그는 "주위에 있는 독특한 침묵과 더불어 표정과 육체를 다

루었으며, 방법론에 있어서는 브레송의 것과 동떨어지지 않는 탐구를 했고, 모델들의 현세(現世)와 곁들여 배우들의 내세(來世)를 다루었다."(장 클로드 비에트, 《작가의 시》, p.111-112)

누벨바그

바르텔르미 아맹귀알은 **누벨바그**가 무엇인지, 다시 말해 《카이에 뒤 시네마》의 오랜 편집자들의 초기 영화(약 1965년 정도까지)가 무엇인지를 잘 서술해 주었다.(장 뤽 고다르, 《네 멋대로 해라》, 1959; 프랑수아 트뤼포, 《이간질하는 사람들》, 1957; 자크 리베트, 《파리는 우리의 것》, 1959; 에릭 로메르, 《사자의 신호》, 1959):

어조의 자유, 시작을 위한 언어의 자유가 있다. 자유스런 영화의 구조 자체가 대화의 규칙 그리고 간간이 일화·수수께끼·줄거리와 관계없는 문자 수수께끼로 끊어지는 친근한 내레이션의 규칙으로 되돌아온다. 자유롭고 거리낌없는 대사는 프랑스어 구어체에서 필요하다면 시적 암시와 화면 밖의 문학적 해설을 배제하지 않으면서 자연스러움을 추구한다. 그러나 마르셀 파뇰이나 사샤 기트리처럼 자신들의 시네아스트로서의 업적으로 굳게 서 있고 견해가 보호되며 존경받는 사람들은 새로운 연극적 성격, 연기로써 과시되며 아이러니컬하게 주어진 연기를 가르친다. 반면 장 루슈는 《흑인인 나》(1958)에서 생생한 연기(jeu vécu)와 민족적 진실을 담고 있는 영화의 표본을 보여 준다. 그렇지만 가장 위대한 자유, 의심할 여지도 없이 누벨바그가 저작의 계획에서 그 자유를 분명히 보여 주고 있다. 설명이 가능한 장면 전환, 전경과 반대되는 위치에서의 촬영과 교차되는 시야, 으례적인 휴지, 기호화된 특수 효과가 더 많아졌다: 페이드 인,

오버랩, 빛막이 창(무성 영화 말기부터 기호 가운데 몇 개가 효력을 잃었지만 다시 채택되었다: 영상 위에서의 정지, '밑 화면,' 홍채 조리개). 주제와 신체적 움직임, 시간적 사실, 조형적 조화의 논리에 따라 강요된 기록이 더 많이 있다. (바르텔르미 아맹귀알, 《시네마》, p.65-66)

누벨바그는 D. W. 그리피스가 영상-운동의 기초를 혼자서 발견하지 않은 것과 마찬가지로 그 자체로 프랑스 영화의 개혁을 구성하지는 않는다. 알랭 레네·크리스 마르케르(《라 즈테》, 1963)·아녜스 바르다(《5시에서 7시까지의 클레오》, 1961)도 역시 역할을 담당했고, 알랭 레네의 단편 영화들(《밤과 안개》, 1955; 《스티렌의 노래》, 1958)과 특히 굉장한 충격의 역할을 담당했던 《히로시마 내 사랑》(1959)은 주변의 아카데미즘에 틈을 내주었고 그 작가를 그 시대의 시네아스트로 인정하도록 했다. (그의 다음 영화 《지난해 마리앵바드에서》(1961)와 《뮈리엘》(1963)이 그의 위치를 확고히 해주었다.)

이탈리아 영화는 손실을 기록하였다. 1960년은 안토니오니의 《정사》의 해였고, 또 하나의 갑작스런 돌발 사건으로는 1961년 파솔리니의 《걸인》과 1962년 펠리니의 《8½》의 해라고 할 수 있다. "극적 요소의 제거, 의사 소통 불능, 삶의 고통, 시간에 대한 강박감, 감각의 혁명이 안토니오니의 영화에서 고유하게 나타남으로써 많은 시네아스트들, 특히 사회주의 국가의 영화를 사로잡게 되었다." 헝가리인으로는 미클로슈 얀초와 안드라슈 코바추가 가장 유명하다. (아맹귀알, 《시네마》, p.67)

• 안토니오니는 빈 공간과 분리된 공간에 대한 연출가이다. 《태양은 외로워》를 생각하면서 클로드 올리에는 "분쟁·서스펜스·분해를 지닌 전통적 드라마에서 작가가 좋아하는 기사(차례로, 순서대로 그리고 단계별로 기록된 사건)의 형태로 된 이야기 중 하나의 대

변자로서, 선별된 등장 인물에 의해 살아난 일종의 '시각적 드라마'는 카메라가 특별한 사랑을 가지고 애착을 갖는 것을 대신했던 것처럼 모든 것이 진행된다"라고 말한다.

• 파솔리니는 자유간접화법에 흥미가 있었다. 《백색 치즈》(1963)에서 "영화감독(오손 웰스)의 인터뷰는 1인칭(파솔리니)과 위대하지만 관례적인 감독의 3인칭, 그것을 구성하고 있는 여러 가지 저속한 요소들보다 생동감이 덜한 화면 사이에서 뜻이 분명하지 않은 방식으로 나타난다. 불완전하고 돌출되었으며 때로는 미숙한 파솔리니의 영화는 영화의 향기가 나는 육체를 쫓아다닌다."(장 클로드 비에트, 《작가의 시》, p.86-87)

• 펠리니는 자유스런 에세이를 개발했다(《펠리니의 로마》, 1971; 《인터뷰》, 1989) '현대적'이라는 특성을 지닌 시네아스트들이 애착을 느끼던 장르였다: 웰스(《진실과 거짓말》, 1974; 《오셀로 영화화하기》, 1979) · 고다르(《독일 90》, 1991) · 마르케르(《대기는 붉다》, 1977) · 안토니오니(《중국》, 1972)가 그런 시네아스트에 속한다. "사람들은 펠리니가 무엇보다 위대한 실현가라고 할 뿐 훌륭한 예견자라는 사실은 그리 많이 언급하지 않는다. 그가 아니었다면 우리는 로마와 로마의 혼잡함, 광고 간판 위에 내리는 비, 어디나 나타나는 호텔, 막연한 인간에 대한 효과와 소란한 행위에 대해 선하게 배치된 거짓 날짜가 무엇과 닮았는지를 영원히 잊고 있었을 것이다."(세르주 다네, 《재연》, p.78)

'현대적'이라 일컬어지는 영화의 가장 최신 형식은 항상 시각적 드라마와 자유간접화법, 에세이를 통해서 그리고 주로 매우 세련된 방식(고다르, 《말의 위력》, 1988; 스트로브, 《모세와 아론》, 1974; 필리프 가렐, 《처녀의 침대》, 1969; 한스 쥐르겐 지버베르크, 《히틀러, 한 편의 독일 영화》, 1977; 라울 루이스, 《도난당한 그림에 대한 추측》, 1978

등) 으로 표현되었다. 그 형식은 지배적인 제작에 대한 저항의 표시처럼 보였고, 기록을 우선적으로 고려하는 작가의 영화를 따르는 것처럼 보였다. 그 실험은 유대인 거주지에 근접해 있지 않았던 1920년대와는 거리가 멀다. 최근 10년 동안(1982-92)의 작품 가운데 너무 아름답기 때문에 위안이 되는 작품들은 마노엘 데 올리베이라의 《거부 혹은 명령의 헛된 영광》(1990), 샹탈 아케르만의 《밤새도록》(1982), 오타르 이오셀리아니의 《달의 우상》(1984), 난니 모레티의 《팔롬벨라 로사》(1989), 요아오 세자르 몬테이루의 《노란 집의 추억》(1990), 짐 자머시의 《미스터리 트레인》(1989), 크리스토프 키에슬로프스키의 《십계》(1988-89) 등을 들 수 있다. 유세프 이샤푸르가 기록한 것처럼, "그것은 단지 현실적인 역사의 흐름이 점차 어렵게 만드는 색다른 영화를 제작하는 것을 의미하지 않으며, 영화의 '마법'으로 그 이상의 것이 되도록 하는 영화의 능력, '기존의 영화화된' 것에 반대하는 고도로 현실적이고 광고적인 모방, 오래 전에 사라진 원본보다 더 실제적인 것을 지키는 것을 뜻한다."(《현대 영화》, p.8)

역사와 그 한계

영화 역사는 '고전'과 '현대'라는 두 형식 사이의 대립으로 요약될 수는 없다. 이런 간략한 대립(그리고 당연히 독단적인)은 무성 영화의 거의 완성된 통합과 최근 20년간의 개발(실패했었던 또 다른 개념, 즉 포스트모던의 개념을 내세울 가능성이 있을지 모르지만)을 무시하는 것이며, 또한 역사가 이런 대립으로 1930-60년대 사이에서 영화의 모든 것을 다룬다는 것은 불가능하다. 따라서 다른 처리 방식이 개발되어야만 한다. 예를 들어 자크 오몽은 빛을 발한 학파

의 분리를 제시하고 있다:

키턴-타티-오즈 야스지로-드라이어 축의 시네아스트들의 계보가
있는데, 그 계보가 이런 요소들(움직임, 제스처, 지연과 속력, 발라즈에
게 사랑받는 표정, 또한 철저한 시간)로, 다른 무엇보다 선호하는 것,
영화의 형식 자체를 만들었다. 우리가 종종 틀과 관점을 지닌 시네아
스트들(브레송에서 에이젠슈테인까지)을 '시네아스트-화가'라고 명명
했던 것처럼, 또한 우리가 축의 층과 피사 범위 밖의 연기에 영향을
주고 공통된 드라마적 유산으로 화가를 만나는 사람들(르누아르-포
드-그리피스 계통)에게 '영화감독'이라는 명칭을 예비해 두었던 것처
럼 그들을 '시네아스트-안무가'라고 칭할 수 있을 것이다. (《한없는
눈》, p.220, 222)

우리는 이런 분류 안에 '그래픽 디자이너' '선과 표면의 시네아
스트'를 덧붙일 것이다. 그 이유는 카메라의 어떤 움직임이 칼리그
래프처럼 인식되기 위해서는 그 선이 정신이나 관객의 육체에서 변
형되어야만 했기 때문이다.

우리는 오히려 여러 단어들의 단수로 매우 풍성하고 복합적이며
복잡한 현실을 감추고 있는 방법을 밝히려 했다. 질 들뢰즈가 분류
를 세웠던 영상의 유형에 대한 결합들은 그 수를 헤아릴 수 없다.
역사의 매순간마다 장소에 따라 그 결합은 엄정한 방식으로 실현이
교차된다. 이런 총체는 두 그룹으로 나누어지는 방향——계층이나
침전 작용의 방향, 실현성이나 창의성의 방향——을 지닌 장치로
구성된다.(미셸 푸코의 관점에서) 역사는 창의성의 방향이 아닌 경우
에 비로소 실현성이나 창의성의 방향을 고려해 볼 수 있다. 하지만
역사는 그 무력함 자체로 인해 장치가 신선함과 창의성을 보유했다

고 정의되며, 동시에 변형의 능력이나 미래의 장치를 위해 분리될 능력을 어떻게 나타내고 있는지를 자문해 보도록 도와 줄 것이다. 역사는 부재할 때만 자신의 역량을 발휘하는 질문을 매번 던지는데, 그 이유는 역사가 '우리가 존재하며 존재하기를 멈춘 것'에 대해 말하고 우리가 해야 할 것의 초안이 되는 역사 이야기를 현실 앞에서 중단하기 때문이다. 영화의 역사, 그것도 다른 것과 마찬가지로 시대의 다양성이다.

4

상실된 육체에

> 청록색의 섬광이 여러 심오한 방식으로 눈에 띄는
> 다리를 돋보이게 하는 치마 아래로 뜻하지 않은 빛을
> 붙잡고 있다.
>
> 아라공, 《파리의 농부》

1. 영화에서의 육체

배우·관객·연출가

한 연출가가 육체에 감동되어 자신의 모든 능력을 육체를 위해 헌신하기로 결정했다. 그것은 그리피스가 릴리언 기시를 위한 경우와 모리츠 스틸러가 그레타 가르보를 위한 경우, 슈테른베르크가 마를레네 디트리히를 위한 것, 르누아르가 카트린 헤슬링을 위한 것, 로셀리니가 잉그리드 베리만을 위한 것, 안토니오니가 모니카 비티를 위한 것, 장 뤽 고다르가 안나 카리나를 위한 것, 장 외스타슈가 프랑수아즈 르브룅을 위한 경우이다. 잉마르 베리만은 마치 흡혈귀 같은 이런 관계의 진실을 언급했다. 따라서 영화의 역사도 육체의 역사일지 모른다.

우선 배우의 육체부터 살펴보자. 영화는 모습을 재현하는 가능성

을 지니고 있다.

영화는 그 모습들이 다른 유일한 것을 위해 상연되었던 과거로부터 되돌아오는 것을 가능하게 했다. 배우들이 특별한 재능을 지닌 모습을 하고 있다. 그들은 시네아스트들 사이에서 대화의 기본이 된다. 그들로 인해 영화는 스타일이나 학파의 단순한 연속이 될 수 없으며 계통의 현상들이 향수에 젖은 영상, 동일한 육체의 노쇠함을 통해서 행해진다. 배우의 육체는 영화에 스며들고, 진정한 영화의 역사가 된다. 이런 역사는 한번도 거론된 적이 없는데 그 이유는 그것이 항상 내적이고 에로틱하고 신앙과 경쟁, 탐욕과 존경으로 이루어지기 때문이다. 그러나 영화가 오래 될수록 영화 필름이 점차로 증명해 주는 것은 바로 이러한 역사이다. (세르주 다네, 《조명 장치》, p.167)

관객의 육체도 역시 하나의 역사를 이루며 양식의 효과에 따라 배우들의 육체의 역사와 연관된다. 영화가 투영되는 장소는 화면의 특성이 대중적 상영과 결합되어 있는 것처럼 시대에 따라 변화했다. 따라서 이런 변형은 작품 수용에 영향을 미쳤다.

영화 역사와 대중의 변화는 영화 숭배에 이용된 장소를 통해서, 그저께의 카타콤에서 오늘의 예배당까지, 어제의 교회와 성당을 지나면서 기록될 수 있었다. 카페의 뒷방, 자동차와 시장의 천막, 니컬로디언, 극장과 다시 전환된 콘서트 카페, 1920-30년대에 유행한 대형 극장('고몽-팔라스' 같은 극장), 전후에 생긴 중형 극장, 1970년대의 소형 극장……. (뱅상 피넬, 《영화의 기술》, p.126)

세르주 다네는 영화관과 자신이 '영화-인구'라 부르는 영역에서 항목의 동형성에 따라 서술하는 영화 역사를 제시하고 있다. 그것은 화면에 많은 사람이 등장하던 시기였다. "다양한 사람이 나오는 여러 개의 영화관에서 많은 사람들이 관람하곤 했다." 그렇다면 국가와 계급을 어떻게 묘사할 것인가? D. W. 그리피스·S. M. 에이젠슈테인·킹 비더·아벨 강스·프리츠 랑 등이 스스로에게 질문하고 있다. 제7의 예술이 대중 예술이라면 마땅히 그것을 《메트로폴리스》의 노예나 《전함 포툠킨》의 폭도로 나타내야만 했을 것이다. 그러나 점차 영화관은 비어만 갔고, 다음과 같은 상황에 이르게 되었다: "영화에 등장 인물이 줄어든 것처럼 영화관에도 관객이 적어졌다. 오래 전부터 가장 명석한 시네아스트들(일반적으로 거장에 해당)은 자신들이 위험할 정도로 헐렁헐렁하게 만들기 시작한 상당히 큰 의상을 역설적으로 나타내고 있다. 《인도의 노래》에서처럼 영화에서는 메아리의 효과가 있었다. 그러나 TV에서는 그렇지 못했고, 거의 비어 있는 대형 영화관에서만 효과가 있었다."(《재연》, p.148)

잊지 못할 연출가들의 육체가 있다. 프리츠 랑은 자신의 영화마다 작업의 계획을 실현했다. 또한 히치콕은 개그스럽게 출연하였고, 광고적 효과 덕분에 자신의 비만증을 치료했다. 르누아르와 고다르도 때때로 자신들의 작품에서 연기했는데, 고다르는 자신의 기록을 읽는 습관이 있었다. 웰스는 영상에 나타나지 않을 때는 음향 테이프에 자신의 목소리를 남겼다. 반대로 위대한 뷔를레스크 작가들 모두는 자신들의 육체를 지워 버리는 순간을 꿈꾸었고, 그 육체를 최소화시켰다.(타티·루이스·키턴 등)

영화광

영화는 마침내 영화가 바라거나 사람들이 영화에 허락한 대우에 따라 검토될 수 있었다. 일부 영화 형식이 매번 제한적인 범위(애니메이션·실험 문학·참여 문학)에서 은밀하게 받아들여졌던 반면, 다른 형식들은 '일반 대중'에게 받아들여지도록 연구되었다. 역사는 낯선 상황의 급격한 전환을 이끌었다. 프랑스 영화관에서 있던 푀야드 영화에 대한 회고전에 이어서 클로드 올리에는 다음과 같이 기록하고 있다:

신기한 운명, 우울한 운명, 이런 '모험 드라마' '훌륭한 미스터리 영화' '대작 모험 영화-소설'과 '열두 개의 에피소드로 된 주간 영화-소설'의 운명, 이런 것들이 시장의 가건물과 구역의 영화관에 출현했을 때 갈채를 받았다. 그리고 오늘날 박물관에 보관되고 있으며, 여러 음악 반주 없이도 상영되고, 예전에는 3개월에 따라 짧은 시간에 완성되었으나 요즘에는 샤이오의 거대한 막 위에서 단 1편의 상영이 6시간 동안 지속되도록 재현되고 있으며, 옳건 그르건간에 수많은 제목과 편지로 된 문장, 표와 전보가 상실되어 있기는 하지만 이런 것들만이 역사가 이해될 수 있도록 해주기 때문에 우연히 혹은 의도적으로 행하는 그런 작품에 대한 삭제는 리듬·의미·견해의 조건들을 동시에 뒤흔들고 있다. (《스크린 추억》, p.250-251)

영화의 육체는 소멸하는 것이며, 그 육체에서 관객들은 애착을 지니고 논쟁에 부딪친다. 이런 격렬한 토론에서는 그 영화가 유혹을 목적으로 했는지 아니면 그처럼 개인을 위한 것인지를 아는 것과 연관된다. 영화광들은 망설임 없이 작품을 맹목적으로 숭배하고, 그런 작품이 전폭적인 애정의 대상이 되도록 만든다. 루이 델뤽은 프랑스에서 진정한 영화 비평의 시초가 되었는데, 그는 1920년 1월에 '시네 클럽'이라는 단어를 만들었고, 같은 해 6월에 그것을 구체화시켰다. 1927년에 레옹 무시낙과 장 로는 일반 대중을 위한 최초의 영화 클럽인 '스파르타쿠스의 친구들'을 세워서 금지된 옛 소련 영화의 상영을 전문적으로 행했다. (내무부 장관의 명령을 파기했다.) 1929년에는 최초로 영화 클럽 연합이 창립되었다. 이때부터 영화에 이론가·비평가·역사가들이 등장하였다. 《카이에 뒤 시네마》의 집필자들은 1950년대에 영화를 관심 있게 보고 읽고 들었던 영화광들이었으며, 앙드레 바쟁은 영화 영상의 존재론과 연관된 토론에 열중했다. 그들은 자신들이 좋아하는 미국 영화가 바닥났다는 것을 깨달았다. (고다르가 1958년에 기록했다.) 그들은 스스로 이런 지위에 이르도록 하기 위해 자신들이 작가[35]라 규정지었던 시네아스트들을 매장시켜야만 했다. 즉 사장(死藏)의 작업을 행해야만 했다. 영화는 소멸되기 때문에 《멸시》(1963)의 유전학에 민감하고, 1920년대 우연성과는 다른 이성을 초월한 우연성들에서 영화가 벗어나도록 그것을 신격화해야만 했다. 바르텔르미 아맹귀알이 말한 누벨바그에 의해 탄생한 신화가 이어졌다: "이처럼 존재를 흔드는 충격 영화·회심 영화들은 인생을 나타내고 운명을 확인시킨다." (〈영화에서 축소된 삶 또는 장 외스타슈의 실패〉, 《영화 연구》, n° 153-155, 1986, p.72) 실제로 영화광의 정신이나 거기에 남아 있는 것을 탐구할 수 있는 것은 《포지티프》라는 잡지에서이다. 영화 잡지에 대한 역사(1921년에 루이 델뤼크에 의한 《시네아》의 창간 이후로 특히 프랑스에서 행해졌다)는 영화광의 몸체에 대한 역사인 동시에 20세기의 지적인 삶에 대한 역사이기도 하다.

2. 원인과 상징

파스칼 보니처는 영화에서 부분적 이미지를 강조하고 있는데, 그것은 카메라의 부분적 이미지이기도 하며 카메라 영상 배치 하나하나, 그리고 카메라의 연속적인 위치 하나하나와 일치한다——움직일 특권이 있기 때문에 많은 이미지를 담당할 수 있다——그리고 스크린 장치와 상영 장치에 상응하는 고정 이미지를 지닌 관객들을 위해서는 부분 이미지가 더빙된다. 영화의 관객, 그것은 '정원으로 난 창'의 불구자나 자신의 자리에 매여서 눈을 뜬 채 혐오감이 연달아 나타나는 영화 스크린 앞을 지켜야 하는 '기계적인 오렌지'의 영웅보다는 덜한 플라톤 동굴의 죄수이다. (영화 관객은 실제로 비평적인 이미지 앞에서는 눈을 감는 것을 즐긴다.) 영화가 부분적 이미지(엿보기 취미와 맹목적 숭배)로 인해 에로티즘과 특정한 관계를 지니는 한편, 영화는 고정 이미지 때문에 공포와 특정 관계를 지닌다. (《맹목적인 영역》, p.116)

그것은 《안달루시아의 개》에서 완벽하게 보여 주고 있다: 부분적 이미지(엉덩이·가슴·겨드랑이·뺨·입술 등 대체시킬 수 있는 육체의 말단)와 고정 이미지(면도칼로 행하는 한쪽 눈의 신중한 절단에 참여하기). 부분적 이미지는 육체에 대한 면밀한 분석과 연관되어 있는데, 세르주 다네가 그것에 대해 성의 구별에 근거한 기본적인 분류를 실행했다:

분할된 육체, 부분적 대상, 성적 범죄는 어찌 되었든간에 내적으로 인간의 한 측면이다. 뒤라스·아케르만·무라토바——혹은 그레미용

(몇몇 시네아스트들에게 나타난 여성적 특성)──에게 있어서 우리는 매번 여전히 육체에 대한 전체적인 점령을 생각한다. 여성은 한번도 남성을 육체와 분리시키지 않는다. '남성적 측면'에 대한 욕구와 '여성적 측면'에 대한 욕구 사이에는 커다란 불균형이 자리잡고 있는데, 그것은 남성에게 있어서 여성의 육체는 그 욕망의 원인이지만, 여성에게 있어서 남성의 육체는 자신의 욕망의 상징이다. 또한 상징은 분할할 수 없다. 따라서 사람들은 그것을 분할하지 않는다. 반대로 여성의 육체는 남성을 흥분시킨다. 그리고 이 육체는 항상 분할된다. 따라서 그 육체는 부분적 요구의 대상이기 때문에 계획·분할·난도질을 부르게 된다. 하지만 만일 하나님이 여성에게 진정으로 집착한 모습이 슈테른베르크·미조구치 겐지나 트뤼포에게서 천부적이라는 것을 알았을까! 거대한 계획의 발견은 인류 역사에서 유일한 것이었다. 갑자기 세부적인 것들이 전체를 계승하게 되었다. 이런 발견은 그것이 가능했을 때부터 회화의 방향, 즉 매우 남성적인 방향으로 세차게 나아가고 있었다. 욕망의 원인, 그것은 환유를 이끄는 것이다. 욕망의 상징, 그것은 다른 것이다. 그것은 다른 미학이고, 또 다른 시간이다. (《재연》, p.250-251)

3. 공장에서

《뤼미에르 공장의 출구》는 상징적 공연을 나타냈다. 한쪽의 열린 문(현관)에서 육체들──뤼미에르 형제 공장의 인부들인 여성과 남성들──이 등장했다. 그러나 이 인부들은 일을 하지 않고 있었다. 그들은 무엇인가를 기다리는 인상을 주었다. 이 육체들은 여전히 진정한 일을 갖고 있지 않았다. 그들은 실제로 군중을 이루고 있지 않았다.

얼마 지나자 '원시적' 영화가 엿보기(망원경과 열쇠 구멍)를 다루는 외설적인 소주제를 발전시켰다. 남성들은 여성의 드러난 발목과 잠자는 신부를 관람했다. 한 세기가 지나기 전에 포르노 영화가 원초적 영화로 재연되어 상영될 수 있었다:

애무, 포옹, 온갖 종류의 성적 결합이 교대로 움직이고 병치되며 괴물이 있는 가건물, 바넘 박물관, 호기심 상점의 진열대 같은 곳에 연이어 나타난다. 사람들은 포르노 영화의 대상이 여성인 것을 비난했다. 그러나 영화가 보여 주는 모든 것은 바라볼 수밖에 없기 때문에 영화에서는 대상이 된다. 마치 동물원에서처럼 뤼미에르 회사의 사건-영화들, 그리고 원초주의 작품의 추적 영화들처럼 포르노 영화는 관객에게 다른 곳에 있는 듯한, 더구나 다른 사람이 된 듯한, 행동하는 것보다 행하는 것을 바라보는 상상의 환경을 제공해 준다. 이것은 항상 이동적인 형식이다. 육체의 나라로 가는 이국적인 여행 ······. (바르텔르미 아맹귀알, 〈육체적인 현실의 구속으로서의 포르노 영화〉, 《오늘날의 영화》, n° 4, 1975-76 겨울, p.25, 29)

육체(개별화된 육체가 아닌)는 연속적으로 작업을 하며, 신체 기관들은 한없이 힘든 일을 한다. 인간의 역사가 20세기를 가득 채웠던 시체들의 무게는 포르노 카메라의 욕망 없는 기계를 통해서, 또한 정확하지는 않지만 외설적인 영상과 잔인한 공포 영화의 시나리오(거기에는 육체의 벗기기가 정결한 방향과 절단기로 인해 잘려 나갔다)로 인해 인간에 대한 부인을 이끌어 내는 데 공헌했다.

4. 오토마타(꼭두각시)

무성 영화 시절의 독일 영화는 양식화를 추구하던 표현주의라 불리는 수많은 영화를 통해서 마비되고 최면에 걸린 육체를 전파시켰는데, 그런 양식화로는 특별한 배우들(베르너 크라우스·콘라트 바이트·에른스트 도이치)만이 자신의 연기를 각색하거나 무대 장식의 스타일적인 요구에 적합한 연기를 개발할 수 있었다. 파울 베게너가 《골렘》[36]이라는 영화에서 구체화시킨 진흙으로 된 창조물은 형태에 의해 영화 건축의 조형적 복원이었다. 베르너 크라우스의 행위는 《칼리가리 박사의 밀실》의 뒤틀린 장식에서 발생하는 것처럼 보였다. 프리츠 랑의 《니벨룽겐》에서 튜튼족 기사의 형성은 웜즈 성의 기하학적 건축과 조화를 이루는 반면, 홍노족의 지하 세계는 그 세계를 채우는 창조물들의 바닥 표면까지 유동하는 움직임에 의해 연장된다. 막스 슈레크의 다부진 몸은 노스페라투가 자리잡은 고딕 건축물을 본뜬 것이다. 《뇌제 이반》에서 에이젠슈테인은 니콜라이 체르카조프의 극중 연기를 구성했을 때의 교훈을 잊지 않았다.

다른 유형의 오토마타로는 '종교 교육만큼 엄하고 보편적인 상징적 행위 체계'를 연기하기 위해 선별된 배우들이다. 그래서 《푸릴리아에서의 여행》(1928)에서 엘머 라이스 소설의 내레이터는 미국 무성 영화에서 감성을 표현하는 다양한 방식을 관찰하고 기록하여 그것을 서술하고 있다: "눈을 감는 것은 비록 깨어 있기는 하지만 강렬한 고통의 증거를 나타낸다. 그러나 이런 행동은 단지 여성에게만 국한된 것이다. 남성들에게 있어서 그것은 벌어진 입술과 억눌린 부분으로 표현된다." 조르조 아감벤은 세기초에 서구 사회가 '자신의 행위를 상실'했다는 생각과 연관지어 행위의 항목들을 해석하

고 있다:

　이사도라 던컨과 디아길레프의 춤, 프루스트적 소설, 파스콜리에서 릴케에 이르는 '유겐트 양식(Jugendstil)'의 위대한 시——마지막으로 가장 모범이 되는 방식인 무성 영화——는 마법의 원을 그리는데, 그 원 안에서 인류가 마지막으로 영원히 벗어났다는 것을 일깨워 주려고 했다. (〈행위에 대한 메모〉, 《트라픽》, nº 1, p.33)

　한 가지 해결책이 오토마티즘 안에 영원히 상실된 이런 행위들을 첨가하도록 구성되었다. 따라서 로베르 브레송의 모델이 나왔다: "외적으로는 기계화되고, 내적으로는 자유롭다. 그들의 표정에 대해 바라는 것은 아무것도 없다."(《영화에 대한 메모》, p.55-56) 그 모델은 장 르누아르에 의해 제시된 배우(강아지 랭탱탱)와 꼭두각시에 더 가까운 코미디언(채플린) 사이의 구분과 일치하지 않는다.

　오토마타 부분과 꼭두각시 부분에서 스턴트맨, 온순한 익명의 거짓 인물들 안에서 "정신은 매순간 움직임의 중심과 일치한다."(클라이스트) 버스터 키턴은 이런 재능의 완성이다:

　키턴은 경이로운 인물이기 때문에 우아하고 탁월한 조형적 완성에서 강렬한 감동, 완고하고 유연한 경로로 스스로의 움직임을 조절하고 세계에 감동을 주면서 자신의 고유한 에너지로 빛을 발하는 태양이다. (앙드레 마르탱)

5. 마스크

무성 영화 시기에 사용된 필름(정색성, 붉은색에는 거의 민감하지 않다)은 특별한 화장을 요구했다. 매우 창백한 파운데이션, 입술과 빰에는 자주색과 분홍색 화장을 했다. 우리는 우리와 동떨어진 색조를 지닌 이 가면을 인식했다. 갈색의 익살스런 몸(마크 세넷의 키스톤 콥스의 배우들)과 반들거리는 얼굴(여신으로 분장한 가르보)을 한 스타들이 주로 미국에 대항했다. 그들은 버스터 키턴의 냉정한 얼굴, 사이클로라마 가면 혹은 더글러스 페어뱅크스의 미소짓는 얼굴 속에서 서로 만난다.

익살극은 우선 "흔들거리는 다리, 이리저리 돌리는 눈(다시 말하면 주시하지 않는 눈)과 공기를 두드리는 팔처럼 순전히 행위적인 소비 영화였다."(파스칼 보니처, 《맹목적인 영역》, p.47) 조금 지나자 쿵후의 배우들(브루스 리와 그의 추종자)은 정확한 무술로 유도되어 자유스러운 행위 같은 인상을 주었다. 판타스틱 영화의 몸짓은 익살극의 것과 매우 비슷했고 다양했으며, 무성 영화 시기에는 론 체이니의 무한히 유연한 몸짓과 유성 영화 때는 보리스 칼로프의 몸짓이 그러했다. 연출가 토드 브라우닝(최초의 영화감독)은 《프릭스》(1932)에서 작품-한계——넘을 수 없기 때문에 생기는 한계를 느꼈다. '괴물들'은 그 작품에서 아주 실제적으로 추한 임시 배우들이었고 익숙한 기교로 다듬어진 배우들은 아니었다. 그들이 구현한 인물은 예민하고 상처받기 쉬운 인간이었다. 진정한 괴물은 로버트 미첨이 연기한 《야간 사냥》의 목사인데, 그의 끈질긴 몸짓이 두 아이의 시야를 가로막고 있었다.

6. 스 타

고다르에 의하면 거대한 계획의 발견은 스타의 출현과 연관되어 있고, "여성 스타의 절대 권력은 순수하고 단순한 정치적 독재와 연관이 있다."(《역사》, p.140) 바르텔르미 아맹귀알은 펠리니의 《나는 기억한다》에서 '스타 시스템'을 다시 방문하면서 동일한 사실을 확인하기에 이르렀다: "할리우드는 영원하고 무기력하며 복종적인 청년 시기 속에서 인류를 지키려고 한다. 파시즘도 그러하다. 무솔리니는 윌리엄 파웰보다 덜 매력적이었지만 영광·기대·허풍의 거대한 퍼레이드 한복판에서 스타 못지 않았다." 그리고 펠리니는 서술하기를 "나는 역사적 단계에서 파시즘을 일종의 퇴화, 개별적 시기——청년 시기——로 간주하며, 그 시기는 발전하여 성인이 되는데 성공하지 못한 채 지나치게 확산되면서 부패하고 오염되었다"라고 하였다. 이런 의미에서 할리우드의 꿈의 공장도 파시스트라고 일컬어질 수 있었다.(《두 스타에 대한 네 가지 연속극》과 〈분할주의〉, 《오늘날의 영화》, n° 8, 1976년 5-6월, p.44)

세르주 다네는 웰스의 분류에 의해 스타와 배우를 구별하고 있다: "스타들은 두각을 나타내고 비중 있는 매력, 고유한 공간, 불가사의한 심오함을 지닌 배우들이었다. 즐거움에서 차단되고 모방, 영원한 발견의 기쁨과 여전히 장래성을 지닌 기쁨에 헌신된 몸이다." (《영화 신문》, p.121-122) 스타의 문제는 한 육체가 무엇을 할 수 있는가이지만, 연출가의 문제는 한 육체가 다른 것과 어떻게 공존할 수 있는가이다. 따라서 스타는 작가가 필요하지 않다.

그 수가 계약상 정해져 있는 스타들이 거대한 계획의 최고조에 나타나는 것으로 충분했다. '예스맨'들이 다양한 재능으로 이 중간-이미지를 관리하곤 했다. 시나리오와 촬영 장면은 스타들의 발 밑에서 마지못해 행해졌고, 그렇게 하는 것이 고상한 방식이었다.(슈테른베르크·쿠커) 그러나 스타가 더 빛나게 하려면 부각되는 깊이와 빛이 나는 배경이 필요했다. 스타가 가치를 더하기 위해서는 다른 배우들이 필요했다. 오른팔들, 미래가 촉망되는 젊은이들, 지저분한 역을 맡을 만한 훌륭한 코미디언들, 때로는 잊혀지지 않는 엑스트라들이 필요했다. (《영화 신문》, p.104)

1912년경 D. W. 그리피스는 여배우들의 머리에 빛나는 후광을 만들면서 뒤에서 자신의 여배우들의 얼굴을 빛내 주기 시작했다. 스타의 시기가 도래했고, 덴마크와 이탈리아가 그 예를 제공했다. 덴마크의 우르반 가드의 영화(《심연》, 1910)에서 아스타 닐센, 이탈리아의 리다 보렐리·피나 메니켈리·프란체스카 베르티니·마리아 자코비니 등이 그 예에 해당된다. 가장 앞선 영화에서부터 스타의 출연은 있었다. '스타 시스템'의 전성 시기는 '고전주의'의 시기였다. (1920-50년대: 클라라 보에서 베티 데이비스까지, 리처드 딕스에서 클라크 게이블에 이른다.) 그리고 탁월한 스타로는 물론 그레타 가르보였다. 스타들은 주로 매력적인 촬영기사들을 대동했다. (그레타 가르보에게는 윌리엄 다니엘스, 마를레네 디트리히는 리 가메스를 데리고 있었다.) 또한 주요한 장르가 존재하기도 했다. 스타의 사진술(《포지티프》, n° 266과 274에서 미셸 시망과 자크 드뫼르의 기사를 참조)과 특징이나 스타일, 포토제닉, 망사와 직물을 이용하여 여과되거나 때로는 약한 그림자와 빛에 의한 얼굴과 신체의 윤곽을 보여 주었다. 루이스 브룩스는 "우리가 그것에 대해 고찰해 본다면, 우리가 지니고 있는 스타에 대한 추억은 영화가 아니라 기본적인 사진술에서 비롯된 것이다. 내가 가르보를 생각할 때면 나는 특별한 영화에서 움직이고 있는 그녀를 회상하지 않는다. 나는 고정적으로 카메라를 응시하고 있는 그녀를 떠올린다"라고 말한다.

바르텔르미 아맹귀알은 스타의 몸은 항상 대립의 병치로 생긴다는 것을 밝혀 주고 있다.

스타 그레타 가르보를 10년 내내 알려지도록 해준 행운은 《잔 다르크의 열정》의 작가인 드라이어의 행운과 비교될 수 있을 것이다. 《잔 다르크의 열정》이 운좋게 소중한 작품으로 남아 있는 이유는 여배우의 드라마가 제7의 예술 드라마로 알려졌기 때문일 것이다. 잔과 마찬가지로 영화도 침묵으로 축소되었다. 드라이어의 천재성은 이런 기회에 드러났다. 가르보와 등장 인물이 그녀를 통해 완성되도록 도와 준 사람들의 천재성은 그들에게 있어서 극단적인 결과에 이른 영화의 존재론적 부조리 위에 세워졌다. 존재와 부재는 중단 없이 영화에서 서로서로 강화되고 번민한다. 존재의 분명함은 부재의 분명함에서 활기를 띤다. 따라서 수족관의 낯선 느낌 때문에 다른 영화보다 무성 영화에서 더 활기가 있다.

그리고 마를레네는,

그녀 안에 두 개의 구별된 그러나 비슷한 두 존재, 여성적 지킬 박사와 하이드, 젊은 여인에게 거의 아무것도 할 수 없는 노파와 본능을 지닌 젊은 여인의 초현실적인 완벽한 콜라주를 비인간적으로 두고 있음이 분명하다. (《두 스타에 대한 네 가지 연속극》과 〈분할주의〉, 《오늘날의 영화》, p.37, 38, 41)

또한 마지막 스타처럼 평가되는 마릴린 먼로도 그러한 일탈 행위로 괴로워했다고 알려져 있다.

유성 영화의 여성 스타 가운데 캐서린 헵번·다니엘 다리외·에디트 클레버·실바나 망가노는 오히려 훌륭한 여배우들이고, 에바 가드너·브리지트 바르도·소피아 로렌은 스타이다. (조안 크로퍼드·브리지트 헬름이나 이사 미란다처럼.) 게리 쿠퍼·헨리 폰다·험프리 보가트·장 가뱅은 스타인 반면 케리 그랜트·제임스 스튜어트·미셸 시몽·찰스 로턴은 훌륭한 남성 배우이다. 그러나 시드 체리스·진 티어니·조안 베넷은 어디에 속할까? '기교파 예술' 영화의 '복제' 스타일까?

7. 재 기

초기의 스타들은 늙기 전에 스크린을 떠났다.(가르보·루이스 브룩스·발렌티노) 할리우드 '고전'의 거의 마지막을 이루는 《선셋 대로》(빌리 와일더, 1950) 같은 영화처럼 스크린을 떠난 스타들 중에 몇 사람(글로리아 스원슨·에리히 폰 슈트로하임·키턴 등)이 재기할 수 있는 영화가 필요했다. 그들을 이어 나온 스타들 중 여러 명은 '실제로' 나이 든 사람들(클린트 이스트우드까지)이었다. 심지어 그들 중 몇몇은 죽음의 문턱에 와 있는 것 같기도(존 웨인·게리 쿠퍼) 했다. 가장 인상적인 재기는 버스터 키턴으로, 성우에게 모욕을 당하면서 사뮈엘 베케트와 앨런 슈나이더의 영화, 정확하게 《필름》(1968)이라는 작품에서 임종시에 재기하여 초췌하고 주름진 모습을 보여 주었다. 이 영상은 채플린의 《뉴욕의 왕》에서와 마찬가지로 강렬했는데, 그것은 이 배우들이 자신의 몸이 거의 모든 것일 수 있을 때 그들이 미장센이라 일컬어지는 것에 속함으로써 세계 영화에서 보기 드문 한순간을 구현했기 때문이다.

8. 새로운 육체

가르보나 디트리히를 스타로 만들었던 것은 어쨌든 그들이 상상되는 무엇을 멀리서 바라보았다는 것이다. 그러나 하리에트 안데르손은 스타가 되지 못했지만 베리만의 《모니카의 여름》이 전 세대 영화광들을 전율하게 했을 때 현대성(modernité)이 시작되었다. 또는 브레송의 《소매치기》의 순간적이고 집요한 카메라-시선이 누벨바그 영화 전체에 영향을 끼쳤지만, 이런 시선을 지닌 배우의 이름조차 망각되었다. (세르주 다네, 《조명 장치》, p.174)

따라서 현대 영화는 새로운 육체(초기의 장 폴 벨몽도 · 장 피에르 레오 · 베르나데트 라퐁 · 쥘리에트 베르토 · 빌 오지에 · 모니카 비티 등), 새로운 움직임의 방식, 색다른 리듬, 또 다른 음성을 만들어 냈다. 그러자 능력 없는 평범한 인물들과 TV에 의해 나타난 새로운 시선이 도래하게 되었다:

우리가 TV로 인해 '거짓된 나날'이 어두움의 일부를 축소시켰던 세계에 익숙해졌던 것과 마찬가지로 TV는 우리가 뒤도 없이 앞면만 보이는 정면의 동물에 국한된, 뒷모습이 보이지 않는 인물에 길들여지게 한다. 영화에서는 모든 것이 형상이 될 수 있다. 그러나 미디어에서는 모든 것이 이미 형상이다. (세르주 다네, 《재연》, p.61)

결론: 영화의 몰락

미래의 사람들이여 나를 기억해 주시오.
기욤 아폴리네르, 〈포도월〉,[37] 《알코올》

영화는 여러 다양한 악으로 인해 고통을 받았고 신음하고 있다. 우선 무엇보다 그것이 산업이라는 사실로 인해 많은 사람들에게 돈을 버는 수단이 되었다. 그러나 반대로 너무나 비상업적인 시네아스트들에게는 방해 요인이 되어 타티와 마찬가지로 웰스, 그리고 브레송처럼 슈트로하임도 그들이 만들어야만 했던 작품들을 이런 이유 때문에 진행할 수 없었다. 질 들뢰즈가 상기하듯이 영화의 역사도 역시 순교록이라 할 수 있다. 그리피스·페어뱅크스-픽퍼드 부부와 채플린이 세운 미국의 유나이티드 아티스츠 영화사의 구성은 1920년대에 정면으로 대항하려는 욕망을 선언한 예술가들을 위한 하나의 방식이었다. 절망적인 회사. 또 다른 취약점은 영화가 매우 빠르게 유행에 뒤진다는 것이다. 몇 년이 지난 영화들은 시대의 표지가 역력하게 나타났다. 영화의 또 다른 핸디캡은 후원의 빈약함이다. 필름으로 있는 영화는 손상되고 대상 자체가 '보여지기' 위해서는 '상영'될 필요가 있었다. 스크린에서도 필름에서도, 그리고 스크린과 영사기를 연결해 주는 빛 속에서도 영화는 영원히 약하다.

영화는 여러 요인으로 인해 몰락한다.

첫번째 파멸의 물결은 1920년경에 일어났다. 영화가 바뀌었다. 영화 경영자들은 더 이상 전쟁 이전의 작품을 원하지 않았다. 픽션 영화의 상영 시간이 15 내지 20분에서 1시간 이상으로 연장되었다. 그 시대 표현에 의하면 사람들이 낡은 영화를 만들었던 모든 것을 씻고 태웠으며, 그 결과로 영화 초기 20년에 대한 손해의 세계적 백분율이 90퍼센트의 수치를 보였다. 파멸의 두번째 흐름은 무성 영화에서 유성 영화로 넘어가는 1930년경에 생겨났다. 전세계적으로 수천 톤의 영화들이 무용지물이 되었다. 그 영화들은 구식이 되었다. 그전 영화들은 용광로에서 사라졌다. 질산 필름, 즉 인화성 있는 필름이 안전성을 보장하는 아세테이트 필름으로 대체되는 작업이 눈에 잘 띄지는 않았으나 영상의 지속성에서 해롭기는 마찬가지였다. 그것은 1950년대 초에 일어났다. (레이몽 보르드, 《시네마》, p.146)

마찬가지로 사람들과 대가들은 소멸 작품들을 보호하기 위해 싸웠다. 최초의 필름 보관소가 1933년 스톡홀름에 세워졌다. 뒤이어 1934년에 '리치스 필름 아치브(Reichs film Archiv)'가 세워졌고, 1935년에 뉴욕의 현대 예술 박물관에 영화 파트가 만들어졌고, 국립 영화 도서관(런던)이 생겼으며, 1936년에 프랑스 필름 보관소(앙리 랑글루아와 조르주 프랑쥐에 의해 세워진)가 창립되었고, 1938년 '치네테카 이탈리아나(Cineteca Italiana)'와 벨기에 필름 보관소가 만들어졌다. 그리고 나서 전쟁 후에 암스테르담·로마·로잔·코펜하겐·마드리드·벨그레이드에서는 1948년에 '고스필모폰드(Gos-filmofond)'가 세워졌다:

사실 러시아는 이미 자료에서 전문화된 성과를 이루었고(1926), 영화 학교에 부속된 자산을 지니고 있었다(1924). 그러나 그들의 탁월한 우월성은 동쪽, 다시 말해 영화의 파멸이 경제적인 방향을 지니지 않는 세계에 있는 것이었다. 그들은 모든 것을 보관하였고, 그 결과 오늘날 고스필모폰드는 세계에서 가장 많은 필름을 지닌 보관소이다. 옛 소련의 경험이 학파를 만들었고, 모든 사회주의 국가들이 괄목할 만한 기술적 수단을 활용하는 국가의 자료실을 지니게 되었다. (레이몽 보르드, 《시네마》, p.147)

우리는 새로운 원칙에 의해 생성된 풍요로움이 위협을 받았다는 것을 쉽게 상상할 수 있다. 마찬가지로 심각한 또 다른 위험이 도사리고 있었는데, 바로 텔레비전과 합성 영상이었다. 그러나 이 모든 것보다 더 큰 것은 인간의 기억에서 영화가 사라지는 것이었다. 영화는 관객의 머릿속에 중요한 부분을 이루며 자리잡고 있었다. 그러나 오늘날 영화는 우리가 소중하게 여기는 정확한 장소에서 사라져가는 경향이 있다.

영화는 1960년대에 '퇴행' 하기 시작했다:

영화 애호, 영화 말살, 복고풍 모드, 키치 스타일의 취향, 하얗게 회반죽 화장을 한 에스키모인들과 미라 같은 좌석 안내원이 있는 오래된 영화관에서 그 시대 프로그램 이전에 재상연되는 '옛날식 영화'──곧 이어 텔레비전에서 방영되는──같은 향수를 부르는 영화를 기념하는 영화. 영화는 자신의 예식으로 축소되었다. (세르주 다네, 《영화 신문》, p.6)

광고에서는 오로지 미국 영화에서 취한 색다른 영상을 선택하면서 영화사를 몇몇 상투적 표현으로 한정시켰다. 관객이 대사를 암송하는 영화 숭배 현상은 레이 브래드버리의 소설 《화씨 451도》에서 보듯이 사람-책을 상기하지 않고는 존재하지 않는다. 한 권의 책이 암기와 전달에 의해 습득될 수 있는 것과는 다르게 비인간적인 것에 대항하는 우리의 유일한 방책이기는 하지만, 이런 미약한 방식으로 영화를 저장하는 것은 매우 불가능하다.

영화의 시초에 뤼미에르 형제는 시작과 끝을 영화화했다. 전조의 행위라고나 할까? 역사는 멈추지 않았다. "형식의 역사, 즉 기록 보관이 힘의 생성, 곧 다이어그램을 배가시켰다."(질 들뢰즈, 《푸코》, p.51) 이런 경고는 우리에게 멜랑콜리와 질병에 지치기보다는 형식의 역사에서 눈을 떼지 않으면서 힘의 생성을 동반하는 것이 바람직한 시대를 생각하게 해준다. 세르주 다네의 말로 마지막을 맺고자 한다:

우리는 항상 옛 영화와 조화를 이루며 영화의 개념을 변화시킬 새로운 영화를 기다리고 있다. 영화는 1편(앞으로 만들어질)이 아닌 이미 만들어진 훌륭한 모든 영화의 총체이기 때문에 영원히 영화에 대한 폐쇄된 개념을 지닐 수 없다. (《재연》, p.255)

역 주

1) 영화의 전신으로, 서로 다른 그림이 그려진 두 원반을 회전시켜 두 영상을 합성하여 보여 주는 장치.

2) 회전하는 통 속에 운동체의 변화를 그린 종이를 붙인 것.

3) 회전 활동거울.

4) 프랑스 작가. 프랑스 공상과학소설의 선구자였다. 1828-1905.

5) 프랑스 해군 장교·해양학자·시네아스트 및 자급식 잠수 기구와 수중 카메라 발명가. 1910년생.

6) 프랑스 정치가이며 학자. 1786-1853.

7) 원형의 방에 관객이 앉아 사실적인 그림을 보던 오락의 일종. 그림들은 빛의 변화에 의해 움직이는 것처럼 보였다.

8) 알프스에서 뻗어나온 중앙 유럽의 산악 지역. 슬로바키아·폴란드·우크라이나·루마니아까지 퍼져 있다.

9) 오스트리아 출신의 독일 영화연출가. 1885-1967.

10) 프랑스 생리학자이며 의사. 1830-1904.

11) 프랑스 철학자.

12) 러시아 연방 상트페테르부르크 주의 코틀린 섬에 위치한 옛 소련의 해군 기지.

13) 장면화, 촬영하기 위해 카메라 앞에 설치된 모든 요소들. 무대·소도구·조명·의상·분장, 그리고 연기 등이 여기에 포함된다.

14) 러시아 정치가이며 이론가.

15) 독일 시인·소설가·드라마 작가·연극이론가인 동시에 만화가이기도 하다. 1898-1956.

16) 이 명칭은 5센트짜리라는 속어와 극장을 나타내는 그리스어로부터 유래된 것이다.

17) 미국의 정치가. 열렬한 반공산주의 캠페인으로 잘 알려졌다. 1908-57.

18) 식사·음료를 들면서 음악·쇼 따위를 즐길 수 있다.

19) 프롤레타리아 문화라는 뜻이다. 1917년 옛 소련에서 창립된 문학 기구. 프롤레타리아 예술을 창조할 목적으로 대중에게 파고들어 혁명을 지지했다.

20) 19세기에 에피날에서 만들어진 교훈적인 내용의 통속화.

21) 1935년부터 있던 독일 육·해·공군 강력 부대의 총체. 히틀러의 명령으로 자리를 잡았고, 모든 군인은 맹세를 했다.

22) 독일 최초의 나치 집단 수용소

23) 프랑스 시네아스트. 1864-1947.

24) 이탈리아 작가. 영국과 미국 작가의 작품을 주로 번역하였다. 1908-50.

25) 바퀴가 달린 카메라 받침대로서 트래킹 샷을 촬영하는 데 쓰인다.

26) 재미있거나 이국적인 장면들을 보여 주었던 초기 사실적인 단편 영화들.

27) 서사 구조에서 중대한 탈선, 지연 또는 부적절한 행동 등이 없이 인과 관계의 연속에서 동기 부여가 분명한 것을 말한다.

28) 현재의 영상보다 앞서 발생한 사건들을 보여 주기 위해 플롯이 과거 시제로 돌아간 스토리 순서의 교차 방식.

29) 샷의 밝은 부분과 어두운 부분간의 명암 대비가 거의 없도록 하는 조명. 그림자들은 아주 흐리며 보조광에 의해 밝게 된다.

30) 어두운 그림자에 보조광이 거의 없이 샷의 밝은 부분과 어두운 부분간에 강한 명암 대비를 주는 조명.

31) 시나리오를 분석하여 촬영 대본으로 옮기는 과정. 영어의 브레이크 다운과 유사한 개념이다.

32) 20세기초 이탈리아의 시인 마리네티의 미래파 선언에서 비롯된 전위적인 예술 운동.

33) 1920년대에 일어난 예술 운동.

34) 1910년 영국과 미국에서 시작된 시 운동.

35) 1편의 영화에서 추정되는 또는 실제적인 작가를 의미하며, 보통 감독을 가리킨다. 때로 이 용어는 좋은 감독을 구별하기 위한 가치 평가의 의미로 사용된다. 감독을 영화의 '작가'로 동일시하고, 영화를 작가의 작품으로 평가하는 것은 오랜 역사를 가진다.

36) 유대인이 밀교 의식에 쓰는 작은 인형.

37) 프랑스 공화력의 제1월. 9월 22(23, 24)일부터 10월 22(23)일까지.

참고 문헌

1. 사전과 일반적인 저서

Jacques Lourcelles, 《영화 사전 *Dictionnaire des films*》, coll. 〈Bouquins〉, Paris, éd. Robert Laffont, 1992.

Jean-Loup Passek, 《시네마 사전 *Dictionnaire du Cinéma*》, Paris, Larousse, 1992.

Claude Beylie et Philippe Carcassonne, 《시네마 *Le Cinéma*》, Paris, éd. Bordas, 1980.

Bernard Rapp et Jean-Claude Lamy, 《영화 사전 *Dictionnaire des films*》, Paris, Larousse, 1990.

2. 일반 역사서

Georges Sadoul, 《시네마의 일반 역사 *Histoire générale du Cinéma*》, Paris, Denoël, 6 vol., 1975.

Jean Mitry, 《시네마 역사 *Histoire du Cinéma*》, Paris, Jean-Pierre Delarge, 5 vol., 1980.

Philippe D'Hugues et Michel Marmin, 《시네마, 제7예술로 암시된 위대한 역사 *Le Cinéma, grande histoire illustrée du septième art*》, Paris, Atlas, 1983.

이 저서들은 상당히 유용하다. 가장 오래 된 조르주 사둘의 저서는 미완성 이지만 좋은 견본으로 남아 있다.

3. 국가별 역사서

우리는 가능한 한 프랑스에서 출간된 이해하기 쉬운 저서들로 국한시켰다.

• 아프리카

Jacques Binet, Ferid Boughedir et Victor Bachy, 《아프리카의 흑백 영화 *Cinémas noirs d'Afrique*》, coll. 〈CinémAction〉, éd. L'Harmattan, 1983.

Mouny Berrah, Victor Bachy, Mohand Ben Salama et Ferid Boughedir, 《마 그리브의 영화 *Cinémas du Maghrib*》, coll. 〈CinémAction〉 n° 14, 1981. 봄, éd. Papyrus.

Claude-Michel Cluny, 《새로운 아랍 영화 사전 *Dictionnaire des nouveaux cinémas arabes*⟩, coll. 'La Bibliothèque arabe,' éd. Sindbad, Paris, 1978.

- 캐나다
Pierre Veronneau, ⟪캐나다 영화 *Les Cinémas canadiens*⟫, éd. Lherminier/Filméditions, 1978.

Michel Coulombe et Marcel Jean, ⟪퀘벡 시네마 사전 *Le Dictionnaire du cinéma québécois*⟫, Montréal, éd. du Boréal, 1988.

- 미 국
Jean-Loup Bourget, ⟪미국 시네마 1895-1980 *Le Cinéma américain 1895-1980*⟫, Paris, éd. PUF, 1983.

Bertrand Tavernler et Jean-Pierre Coursodon, ⟪미국 시네마 50년 *50 ans de cinéma américain*⟫, Paris, éd. Nathan, 2 vol., 1991.

Frank Capra, ⟪할리우드 이야기 *Hollywood Story*⟫, Paris, éd. Stock, 1976, rééd. Ramsay Poche n° 1, 1985.

Douglas Gomery, ⟪스튜디오의 황금기 *L'Age d'or des studios*⟫, Paris, éd. Cahiers du Cinéma, 1987.

Gilles Laprevotte, Michel Luciani et Anne-Marie Mangin, ⟪무서운 위협: 매카시 선풍에 맞선 미국 영화 *La Grande Menace: le cinéma américain face au maccarthysme*⟫, éd. Trois Cailloux, 1990.

Alain Masson, ⟪할리우드 1927-1941: 꿈에 의한 선전 혹은 미국적 모델의 승리 *Hollywood 1927-1941: la propagande par les rêves ou le triomphe du modèle américain*⟫, Paris, éd. Autrement, 1991.

Dominique Noguez, ⟪영화의 르네상스: 미국의 '언더그라운드' 영화 *Une renaissance du cinéma: Le cinéma 'underground' américain*⟫, Paris, éd. Klincksieck, 1985.

- 중앙 아메리카와 남아메리카
Guy Hennebelle et Alfonso Gumucio-Dagron, ⟪라틴아메리카의 영화들 *Les cinémas de l'Amérique latine*⟫, éd. Lherminier/Textimages, 1981.

Paulo Antonio Paranagua, ⟪브라질 영화 *Le Cinéma brésilien*⟫, éd. du Centre G. Pompidou, 1987.

- 중 국
Régis Bergeron, ⟪중국 영화 1905-1949 *Le Cinéma chinois 1905-1949*⟫, éd. L'Harmattan, 3 vol., 1984.

Marie-Claire Quiquemelle et Jean-Loup Passek, 《중국 영화 *Le Cinéma chinois*》, éd. du Centre G. Pompidou, 1985.

• 인 도

Jean-Loup Passek, 《인도 영화 *Le Cinéma indien*》, éd. du Centre G. Pompidou/L'Equerre, 1983.

Aruna Vasudev et Philippe Lenglet, 《인도 영화들 *Les Cinémas indiens*》, coll. 〈CinémAction〉, éd. du Cerf, 1984.

• 일 본

Noël Burch, 《먼 곳에 있는 관찰자를 위하여: 일본 영화에서의 형식과 의미작용 *Pour un observateur lointain: forme et signification dans le cinéma japonais*》, Paris, éd. Cahiers du Cinéma/Gallimard, 1982.

Max Tessier, 《현대 일본 영화 *Le Cinéma japonais au présent*》, éd. Lherminier, 1984; 《일본의 문학과 영화 *Littérature et Cinéma du Japon*》, éd. du Centre G. Pompidou, 1986.

• 독 일

Lotte H. Eisner, 《신들린 스크린 *L'Ecran démoniaque*》, Paris, éd. Ramsay, 1981.

Siegfried Kracauer, 《칼리가리에서 히틀러까지 *De Caligari à Hitler*》, Lausanne, éd. L'Age d'Homme, 1973.

Jean-Loup Passek, 《1913-1933: 독일 영화 20년 *1913-1933: 20 ans de cinéma allemand*》, éd. du Centre G. Pompidou, 1978.

Francis Courtade et Pierre Cadars, 《나치 영화 이야기 *Histoire du cinéma nazi*》, éd. Eric Losfeld, 1972.

Christian Delage, 《역사에 대한 나치적 시각 *La Vision nazie de l'histoire*》, Lausanne, éd. L'Age d'Homme, 1989.

Roland Schneider, 《독일 영화사 *Histoire du cinéma allemand*》, coll. 〈7ᵉ art〉, éd. du Cerf, 1984.

• 벨기에

Guy Jungblut, Patrick Leboutte et Dominique Paini, 《벨기에 영화 백과사전 *Une Encyclopédie des cinémas de Belgique*》, Musée d'Art moderne de la ville de Paris, éd. Yellow Now, 1990.

- 덴마크

Jean-Loup Passek, 《덴마크 영화 *Le Cinéma danois*》, éd. Centre G. Pompidou/L'Equerre, 1979.

- 스페인

Emmanuel Larraz, 《초기부터 현재까지의 스페인 영화 *Le Cinéma espagnol des origines à nos jours*》, coll. 〈7ᵉ art〉, Paris, éd. du Cerf, 1986.

- 프랑스

Jean-Pierre Bertin-Maghit, 《점령기의 영화 *Le Cinéma sous l'occupation*》, Paris, éd. Olivier Orban, 1989.

Francis Courtade, 《프랑스 영화의 불행 *Les Malédictions du cinéma français*》 (1928-1978), éd. Alain Moreau, 1978.

Geneviève Guillaume-Grimaud, 《인민전선의 영화 *Le Cinéma du Front Populaire*》, éd. L'Herminier, 1986.

Jean-Pierre Jeancolas, 《30년대의 15년: 프랑스 영화, 1929-1944 *Quinze ans d'années 30: le cinéma des Français, 1929-1944*》, éd. Stock/Cinéma, 1983; 《프랑스 영화: 제5공화국 1958-1978 *Le Cinéma des Français: la cinquième république, 1958-1978*》, éd. Stock/Cinéma, 1979.

René Predal, 《1945년 이후의 프랑스 영화 *Le Cinéma français depuis 1945*》, Paris, Nathan Université, 1991.

- 영국

Raymond Lefevre et Roland Lacourbe, 《영국 영화 30년 *Trente ans de cinéma britannique*》(1940-1975, 1939년 이전 시기에 대한 장과 함께), éd. Cinéma, 1976.

- 헝가리

Philippe Haudiquet, 《헝가리 영화 *Le Cinéma hongrois*》, éd. du Centre G. Pompidou, 1979.

Jean-Pierre Jeancolas, 《헝가리 영화(1963-1988)》, éd. du CNRS, 1989.

- 이탈리아

Jean A. Gili, 《무솔리니의 이탈리아와 그의 영화 *L'Italie de Mussolini et son cinéma*》, éd. Henri Veyrier, 1985.

Pierre Leprohon, 《이탈리아 영화 *Le Cinéma italien*》(최초부터 1967년까지),

coll. 〈Les Introuvables〉, éd. Plan de la Tour, 1978.

Jean-Loup Passek, 《이탈리아 영화 1905-1945》, éd. du Centre G. Pompidou.

• 폴란드

Philippe Haudiquet, 《폴란드의 신진 시네아스트 *Nouveaux cinéastes polonais*》, coll. 〈Premier Plan〉, éd. Serdoc, Lyon, 1963.

• 포르투갈

Félix Ribeiro, 《포르투갈 영화 *Le Cinéma portugais*》, éd. Centre G. Pompidou/L'Equerre, 1982.

• 스위스

Freddy Buache, 《스위스 영화 *Le Cinéma suisse*》, Lausanne, éd. L'Age d'Homme, 1978.

• 체코슬로바키아

M. et Antonin Liehm, 《동구권 영화 *Les Cinémas de l'Est*》, coll. 〈7ᵉ art〉, éd. du Cerf, 1990.

• 옛 소련

Jean-Loup Passek, 《1890-1980년의 러시아와 소비에트 영화 *Le Cinéma russe et soviétique 1890-1980*》, éd. Centre G. Pompidou/L'Equerre, 1982.

Jay Leyda, 《키노: 러시아와 소비에트 영화사 *Kino: histoire du cinéma russe et soviétique*》, Lausanne, éd. L'Age d'Homme, 1976.

Luda et Jean Schnitzer, 《1919-1940년의 소비에트 영화사 *Histoire du cinéma soviétique 1919-1940*》, éd. Pygmalion, 1979.

• 유고슬라비아

Jean-Loup Passek, 《유고슬라비아 영화 *Le Cinéma yougoslave*》, éd. du Centre G. Pompidou, 1986.

4. 본 저서의 저술에 사용된 텍스트

언급된 모든 책들은 기본서이다.

• 특별한 역사서들

Daniel Arasse, 《단두대와 공포에 대한 상상 La Guillotine et l'imaginaire de la Terreur》, Paris, éd. Flammarion, 1989.

Noël Burch, 《무한대를 향한 하늘의 창: 영화 언어의 탄생 La Lucarne de l'infini: naissance du langage cinématographique》, Paris, Nathan Université, 1990.

Jacques Deslandes et Jacques Richard, 《영화로 비유된 역사 Histoire comparée du cinéma》, Casterman, 2 vol., 1966 · 1968.

Alain Masson, 《영상과 말 L'Image et la parole》, Paris, éd. La Différence, 1989.

Max Milner, 《마술 전등: 환상적인 시각에 대한 시도 La Fantasmagorie: essai sur l'optique fantastique》, Paris, PUF, 1982.

Dominique Noguez, 《실험적 영화에 대한 찬양 Eloge du cinéma expéri-mental》, éd. du Centre G. Pompidou, 1979.

Jacques Perriault, 《그림자와 소리에 대한 기억: 시청각에 대한 고고학 Mémoires de l'ombre et du son: une archéologie de l'audio-visuel》, Paris, éd. Flammarion, 1981.

• 에세이나 자료 모음집

Barthélemy Amengual, 《에이젠슈테인이여 영원하라! Que viva Eisenstein!》, Lausanne, éd. L'Age d'Homme, 1980.

Jacques Aumont, 《한없는 눈: 영화와 그림 L'Œil interminable: cinéma et peinture》, Librairie Séguier, 1989.

Jean-Claude Biette, 《작가의 시 Poétique des auteurs》, Paris, éd. de l'Etoile, 1988.

Pascal Bonitzer, 《시선과 목소리 Le Regard et la Voix》, Paris, coll. 10/18, 1976; 《맹목적인 영역 Le Champ aveugle》, Paris, éd. Cahiers du Ciné-ma/Gallimard, 1982; 《그림과 영화: 탈영상 배치 Peinture et cinéma: déca-drages》, Paris, éd. de l'Etoile, 1985.

Michel Chion, 《영화 속의 목소리 La Voix au cinéma》, Paris, éd. de l'Etoile, 1982; 《영화 속의 소리 Le Son au cinéma》, Paris, éd. de l'Etoile, 1985; 《구멍 난 천: 영화 속의 대사 La Toile trouée: la parole au cinéma》, Paris, éd. de l'Etoile, 1988.

Serge Daney, 《조명 장치 La Rampe》, Paris, éd. Cahiers du Cinéma/Gallimard, 1983; 《영화 신문 Cinéjournal》, Paris, éd. Cahiers du Cinéma, 1986; 《핸드백 도둑의 재연에 대해 Devant la recrudescence des vols de sacs à main》, Lyon, Aléas éditeur, 1991.

Youssef Ishaghpour, 《한 영상에서 또 다른 영상으로 *D'une image à l'autre*》, éd. Denoël-Gonthier, 1982; 《현대 영화: 거울의 한 측면에서 *Cinéma contemporain; de ce côté du miroir*》, éd. de la Différence, 1986.

Henri Langlois, 《영화 3백 년 *Trois cents ans de cinéma*》, Paris, éd. Cahiers du Cinéma/Cinémathèque française, 1986.

Claude Ollier, 《스크린 추억 *Souvenirs écran*》, Paris, éd. Cahiers du Cinéma/Gallimard, 1981.

Paul Virilio, 《인식의 기호논리학 *Logistique de la perception*》, Paris, éd. de l'Etoile, 1984.

• 마지막으로 두 권의 책이 서술 방식에 의해 영화 역사에 대한 새로운 견해——철학적 견해와 시네아스트적 견해——를 열어 주었다.

Gilles Deleuze, 《영화 1과 2(영상-동작과 영상-시간) *Cinéma 1 et 2(L'Image-mouvement et L'Image-temps)*》, Paris, éd. de Minuit, 1983 · 1985.

Jean-Luc Godard, 《진정한 영화 역사 입문 *Introduction à une véritable histoire du cinéma*》, Paris, éd. Albatros, 1980. 이 책을 위해 필수적인 보충 자료로는 비디오로 제작된 《영화사 *Histoire(s) du Cinéma*》 시리즈가 있다.

5. 잡지

영화사에 대한 훌륭한 잡지들이 있다: 《레 카이에 드 라 시네마테크 *Les Cahiers de la Cinémathèque*》 · 《1895··· 포지티프 *1895··· Positif*》는 초기부터 (1952) 완고하게 이끌어 온 정책 덕분에 이 영역에서 괄목할 만한 관심을 나타내 주고 있다. (기자들에게 있어서 역사는 당대 관심사의 관찰로 결코 삭제하지 않는 것으로 여겨졌기 때문일 것이다.)

인명 색인

82,99

제티노 GETINO Ottavio(스페인 출신의 아르헨티나 시네아스트, 1935년생)
50

존슨 JOHNSON Nunnally(미국 시나리오 작가·시네아스트, 1897-1977)   33

주를리니 ZURLINI Valerio(이탈리아 시네아스트, 1926-82)   96

줄랍스키 ZULAWSKI Andrzej(폴란드 출신의 시네아스트, 1940년생)   35,94

지미클 ZEMECKIS Robert(미국 시네아스트)   32

지버베르크 SYBERBERG Hans-Jürgen(독일 시네아스트, 1938년생)   59,114

채플린 CHAPLIN Charles(영국 출신의 배우·시나리오 작가·시네아스트,
   1889-1977)   8,9,33,40,48,71,97,128,133,135

체르카조프 TCHERKASSOV Nikolai(옛 소련 배우, 1903-66)   127

체리스 CHARISSE Cyd(미국 여배우·무용가, 1922년생)   133

체이니 CHANEY Lon(미국 배우, 1883-1930)   129

치미노 CIMINO Michael(미국 시네아스트, 1941년생)   64

치아우렐리 TCHIAOURELLI Mikhail(옛 소련 시네아스트, 1894-1974)   33

카르네 CARNÉ Marcel(프랑스 시네아스트, 1909년생)   95

카르피타 CARPITA Paul(프랑스 시네아스트)   50

카리나 KARINA Anna(덴마크 출신의 프랑스 여배우·시네아스트, 1940년생)
   119

카발레로비치 KAWALEROWICZ Jerzy(폴란드 시네아스트, 1922년생)   95

카발칸티 CAVALCANTI Alberto(브라질 배우, 1897-1982)   74,104

카사베츠 CASSAVETES John(미국 배우·시네아스트, 1929-89)   107,110

카야트 CAYATTE André(프랑스 시네아스트, 1909년생)   95

카우리스마키 KAURISMAKI Aki(핀란드 시네아스트)   29

카잔 KAZAN Elia(터키 출신의 미국 시네아스트·작가, 1909년생)   49,91

카펠라니 CAPELLANI Albert(프랑스 시네아스트, 1870-1931)   52,78

칼로프 KARLOFF Boris(영국 출신의 미국 배우, 1887-1969)   129

칼메트 CALMETTES André(프랑스 배우·시네아스트, 1861-1942)   78

캐프라 CAPRA Frank(이탈리아 출신의 미국 시네아스트, 1897-1991)   36,57,85

케롤 CAYROL Jean(프랑스 작가·시나리오 작가·시네아스트, 1911년생)   57

케리 CAREY Harry(미국 배우, 1878-1947)   83,85,133

코멘치니 COMENCINI Luigi(이탈리아 시네아스트, 1916년생)   96

코바추 KOVACS Andreas(헝가리 시네아스트, 1925년생)   113

코스터 KOSTER Henry(독일 출신의 미국 시네아스트, 1905년생)   69

코진체프 KOZINTZEV Grigori(옛 소련 시네아스트, 1905-73)   44,100

코타파비 COTTAFAVI Vittorio(이탈리아 시네아스트, 1914년생)   84

코튼 COTTEN Joseph(미국 배우, 1905년생)   44,47

영화명 색인

곽노경
이화여자대학교 불어교육과 졸업
프랑스 파리8대학 불어학 박사
현재 경기대학교 강사
역서: 《구약 성서 이야기》 · 《신약 성서 이야기》 ·
《키아바의 미소》 등

현대신서
85

역사적 관점에서 본 시네마

초판발행 : 2002년 7월 25일

지은이 : 장 루이 뢰트라
옮긴이 : 곽노경
펴낸이 : 辛成大
펴낸곳 : 東文選
제10-64호, 78. 12. 16 등록
110-300 서울 종로구 관훈동 74
전화 : 737-2795

ISBN 89-8038-188-3 04680
ISBN 89-8038-050-X (현대신서)

【東文選 現代新書】

【기 타】

▨ 說苑 (上·下)	林東錫 譯註	각권 30,000원
▨ 晏子春秋	林東錫 譯註	30,000원
▨ 西京雜記	林東錫 譯註	20,000원
▨ 搜神記 (上·下)	林東錫 譯註	각권 30,000원
■ 경제적 공포〔메디시스賞 수상작〕	V. 포레스테 / 김주경	7,000원
■ 古陶文字徵	高明·葛英會	20,000원
■ 古文字類編	高明	절판
■ 金文編	容庚	36,000원
■ 고독하지 않은 홀로되기	P. 들레름·M. 들레름 / 박정오	8,000원
■ 그리하여 어느날 사랑이여	이외수 편	6,500원
■ 딸에게 들려 주는 작은 지혜	N. 레흐레이트너 / 양영란	6,500원
■ 노력을 대신하는 것은 없다	R. 쉬이 / 유혜련	5,000원
■ 미래를 원한다	J. D. 로스네 / 문 선·김덕희	8,500원
■ 사랑의 존재	한용운	3,000원
■ 산이 높으면 마땅히 우러러볼 일이다	유 향 / 임동석	5,000원
■ 서기 1000년과 서기 2000년 그 두려움의 흔적들	J. 뒤비 / 양영란	8,000원
■ 서비스는 유행을 타지 않는다	B. 바게트 / 정소영	5,000원
■ 선종이야기	홍 희 편저	8,000원
■ 섬으로 흐르는 역사	김영희	10,000원
■ 세계사상	창간호~3호: 각권 10,000원 / 4호: 14,000원	
■ 십이속상도안집	편집부	8,000원
■ 어린이 수묵화의 첫걸음(전6권)	趙陽 / 편집부	각권 5,000원
■ 오늘 다 못다한 말은	이외수 편	7,000원
■ 오블라디 오블라다, 인생은 브래지어 위를 흐른다	무라카미 하루키 / 김난주	7,000원
■ 인생은 앞유리를 통해서 보라	B. 바게트 / 박해순	5,000원
■ 잠수복과 나비	J. D. 보비 / 양영란	6,000원
■ 천연기념물이 된 바보	최병식	7,800원
■ 原本 武藝圖譜通志	正祖 命撰	60,000원
■ 隸字編	洪鈞陶	40,000원
■ 테오의 여행 (전5권)	C. 클레망 / 양영란	각권 6,000원
■ 한글 설원 (상·중·하)	임동석 옮김	각권 7,000원
■ 한글 안자춘추	임동석 옮김	8,000원
■ 한글 수신기 (상·하)	임동석 옮김	각권 8,000원

【이외수 작품집】

■ 겨울나기	창작소설	7,000원
■ 그대에게 던지는 사랑의 그물	에세이	7,000원
■ 꿈꾸는 식물	장편소설	7,000원
■ 내 잠 속에 비 내리는데	에세이	7,000원
■ 들 개	장편소설	7,000원
■ 말더듬이의 겨울수첩	에스프리모음집	7,000원
■ 벽오금학도	장편소설	7,000원

■ 장수하늘소	창작소설	7,000원
■ 칼	장편소설	7,000원
■ 풀꽃 술잔 나비	서정시집	4,000원
■ 황금비늘 (1 · 2)	장편소설	각권 7,000원

【조병화 작품집】

■ 공존의 이유	제11시점	5,000원
■ 그리운 사람이 있다는 것은	제45시집	5,000원
■ 길	애송시모음집	10,000원
■ 개구리의 명상	제40시집	3,000원
■ 꿈	고희기념자선시집	10,000원
■ 따뜻한 슬픔	제49시집	5,000원
■ 버리고 싶은 유산	제 1시집	3,000원
■ 사랑의 노숙	애송시집	4,000원
■ 사랑의 여백	애송시화집	5,000원
■ 사랑이 가기 전에	제 5시집	4,000원
■ 남은 세월의 이삭	제 52시집	6,000원
■ 시와 그림	애장본시화집	30,000원
■ 아내의 방	제44시집	4,000원
■ 잠 잃은 밤에	제39시집	3,400원
■ 패각의 침실	제 3시집	3,000원
■ 하루만의 위안	제 2시집	3,000원